臺灣歷史與文化 研究輯刊

二三編

第 7 冊

典範的轉移：
嘉義新港溪北的庄頭神信仰研究

徐裕盛 著

花木蘭文化事業有限公司

國家圖書館出版品預行編目資料

典範的轉移：嘉義新港溪北的庄頭神信仰研究／徐裕盛 著 --
初版 -- 新北市：花木蘭文化事業有限公司，2023〔民112〕
目 4+154 面；19×26 公分
（臺灣歷史與文化研究輯刊二三編；第 7 冊）
ISBN 978-626-344-199-6（精裝）
1.CST：民間信仰 2.CST：寺廟 3.CST：歷史
4.CST：嘉義縣新港鄉
733.08   111021715

ISBN-978-626-344-199-6

9 786263 441996

臺灣歷史與文化研究輯刊
二三編　第七冊　　　　　　　ISBN：978-626-344-199-6

典範的轉移：
嘉義新港溪北的庄頭神信仰研究

作　　者　徐裕盛
總 編 輯　杜潔祥
副總編輯　楊嘉樂
編輯主任　許郁翎
編　　輯　張雅淋、潘玟靜　美術編輯　陳逸婷
出　　版　花木蘭文化事業有限公司
發 行 人　高小娟
聯絡地址　235　新北市中和區中安街七二號十三樓
　　　　　電話：02-2923-1455／傳真：02-2923-1452
網　　址　http://www.huamulan.tw 信箱 service@huamulans.com
印　　刷　普羅文化出版廣告事業
初　　版　2023 年 3 月
定　　價　二三編 13 冊（精裝）新台幣 38,000 元

典範的轉移：
嘉義新港溪北的庄頭神信仰研究

徐裕盛　著

作者簡介

　　徐裕盛，一九九六年生於台灣嘉義，於二〇二二年六月畢業於國立台灣師範大學台灣語文學系碩士班，主要研究台灣的民俗文化與民間信仰。

　　重度貓咪成癮者，有跟蹤路邊貓咪的壞習慣。

　　喜歡在深夜時滑著滑板穿梭於台北街頭，感受這城市所展現的夜的樣貌。

　　在研究所時期每天都會喝三杯以上的咖啡，因此每個晚上都難以入睡，白天卻又昏昏欲睡，十分困擾的習慣。

　　期盼能記錄更多台灣地方上的民間信仰習俗，將其以文字與照片的形式保存下來。

提　　要

　　本論文試圖探討嘉義新港溪北庄的庄頭神信仰，亦以分析溪北庄兩大間宮廟——「鎮武宮」、「六興宮」的發展歷史做為主體，佐以口訪記錄及庄內的重要祭祀禮儀。其次，筆者也梳理溪北庄的開發歷史以及庄頭神如何受到庄內居民崇拜及背後所隱藏的互動群體關係。另外，筆者也將著重於探討自水師提督王得祿將黑面三媽請回溪北庄建廟供奉後，對於該庄頭的信仰情況產生何種改變。

　　在王得祿提督將黑面三媽請回溪北庄後，庄內的信仰中心似乎有被轉移的情況產生，玄天上帝在庄民心中的地位因黑面三媽的到來，產生了莫大的變化。黑面三媽的信仰起於王提督而逐漸興盛，影響了玄天上帝在庄內居民心中的地位，致使後來媽祖神威逐漸凌駕於玄天上帝之上，背後信仰「典範轉移」的原因值得探究。

　　溪北庄位於嘉義縣，因此研究者除了蒐集文獻資料外，亦會親身至溪北庄進行田野調查，記錄第一手的祭祀禮儀過程。從中發現庄內居民與兩大公廟彼此的關係，一方面鎮武宮的玄天上帝才是「開庄之神」但六興宮的黑面三媽又似乎發展得較為興盛，因六興宮的建立原因較為特殊，也形成異於其他廟宇的民間信仰特色。本論文將呈現溪北庄百年來信仰的特殊之處，並將其放置於人文歷史的庄頭信仰脈絡下做探討。

謝　辭

　　時光飛逝，終於也迎來碩士畢業的時刻了，回想起這四年的經歷，著實辛苦，也時常懷疑自己是否真的能夠完成碩士學業，慶幸自己的命夠硬，咬著牙總算把這個學業給完成了，能夠在碩班最後的階段選擇以自己的家鄉來做為研究題目，我想這或許是最為幸福的事了吧。

　　首先，我要感謝陳龍廷博士對我的悉心指導，透由老師的引導讓我在撰寫論文的過程當中不斷的學習與修正，也教導我許多與人相處之道，這些教導我將一輩子銘記在心。自從來到師大後，第一次上龍廷老師的課程時便被其嚴謹的研究方法與生動有趣的田調經驗分享給吸引，啟發了我對於文化研究的興趣。同時，也很感謝我的口試委員王鏡玲博士、林淑慧博士，兩位委員對於本篇論文所提出的批評與指教十分受用，讓我在論述的過程中能夠將其撰寫的更加完整，非常感謝。另外，也要感謝我在真理大學的戴華萱老師、陳昭銘老師以及已故的田啟文老師，在大學就讀時期便時常受到三位老師的鼓勵，尤以華萱老師更甚，在決定報考研究所後，華萱老師便不斷地督促我的研究計畫及備審資料，若非老師如此積極地協助我，或許根本無法進入師大台文所吧。

　　接著，我要感謝在撰寫論文的過程中給我諸多建議與幫助的游鈞祥學長、徐孝晴學長，鈞祥學長總是不斷鼓勵我、督促我趕緊將論文寫完，而孝晴學長更是幫忙我許多，他引薦我去新港找林柏奇老師，或許他那邊有許多資料可以參考，著實在我進行田調時幫了我很多忙，在遇到田調文題時我也會去請益孝晴學長的意見，每次都能獲得很棒的建議，再來，我也要感謝我的同學們，曾惟恩、賴建綸、彭建森、何芝怡、岑淳耀，因為與他們的互相加油打氣，讓我

在撰寫論文的過程中不孤單，每當低潮或碰到困境時總有這些好朋友可以互相傾訴，他們是我完成這篇論文很大的動力之一。

我也要感謝我的受訪者們，陳炎、王瑞戊、王文科、江石柱、江明煌、王國松、徐忠誠、江筱芃、林文樹、王聰義、李麗真、林清山，除了願意接受我的訪問外，也提供我許多珍貴的參考資料，更帶領我實際加入祭祀活動，詳細為我解說每個活動的流程與歷史脈絡。

最後，我要感謝的是我的家人們，在田野調查的過程中因為時常需要台北、嘉義兩邊跑，因此常常需要麻煩到家人，很感謝家人的體諒與支持，讓我能夠順利的完成田野調查研究，我也要感謝我的家鄉——溪北庄，我想會選擇溪北庄作為研究場域也有我的私心在，自從離開家鄉北上讀書後，我便鮮少返家，對於庄內的發展情況與文化脈絡一知半解，總讓我有種惆悵感，是否在長期離家後我已成為所謂的「異鄉人」了呢？我不斷地問自己這個問題，也讓我開始思考，是否能運用撰寫碩士論文的契機來深入的了解自己的家鄉，因此才會決定以溪北庄為研究場域，這篇論文對我而言不僅代表著這四年來所學的集大成，更重要的是在做研究的過程中一步步重拾我對於家鄉的記憶碎片，盡其所能地將庄內逐漸消逝的歷史痕跡記錄下來，不僅讓我重新認識家鄉，更能為庄內的文化傳承盡一份微小的心力，我想這就是我撰寫這篇論文的初衷吧。

感謝黑面三媽與玄天上帝的保祐，我總算要畢業了！

徐裕盛　謹誌

於國立台灣師範大學台灣語文學系碩士班

2022 年 6 月

目

次

表次

圖次

第壹章　緒　論

一、研究動機與目的

　　一個庄頭中的信仰對於居住於該庄內的居民而言十分重要，庄頭廟的重要性，學者已經藉著祭祀圈的概念，指出「祭祀圈本質上是一種地方組織，表現出漢人以神明信仰來結合人群的方式。」〔註1〕通常每個庄都會有該庄的主要信仰之神祇，而該神祇便是所謂的「庄頭神」。溪北庄當然也有自己的庄頭神，就是玄天上帝，我們又稱之為上帝公。然而，當王得祿提督聯合六個庄頭一同興建六興宮後，庄內的信仰情況似乎有所轉變。

　　在日治時期昭和16年（1941）台南白河一帶發生了大地震，將當時的上帝爺廟震倒，六興宮也有所毀損，庄民在修復六興宮後便將玄天上帝金尊請至六興宮內共享香火，不再重建上帝爺廟。直至民國79年（1990）後村民因感念玄天上帝為溪北村開庄之神而將其從六興宮請出，另建鎮武宮並將其供奉為主神，其中的歷史、社會及信仰原因便是本文的主要探討核心。

　　溪北庄位於新港鄉南端，東邊與月眉潭緊鄰，西臨安和村（番婆），北界潭大村（潭仔墘），南隔牛稠溪（朴子溪）與太保市新碑里相望，因位於「牛稠溪」（朴子溪）北邊因而得名。

　　溪北庄清末隸屬嘉義縣牛稠溪堡。日治時期明治二十八年（1895）隸屬嘉義出張所牛稠溪堡；明治二十九年（1896）為台南縣嘉義之廳牛稠溪堡所屬；明治三十年（1897）改隸台南縣嘉義辦務署牛稠溪堡；明治三十一年（1898）

〔註1〕林美容（1988），〈由祭祀圈到信仰圈——台灣民間社會的地域構成與發展〉，《第三屆中國海洋發展史研討會論文集》，頁99。

歸嘉義縣嘉義辦務署第九區；明治三十八年（1905）更名為嘉義辦務署月眉潭區，明治四十三年（1910）改稱為嘉義廳月眉潭區；大正九年（1920）實施地方制度改正，將月眉潭區與新港區合併，改隸屬於台南州嘉義郡新巷庄。光復後民國 34 年（1945）隸屬台南縣嘉義區新港鄉；民國三十九年（1950）調整行政區域為嘉義縣新港鄉迄今未變。〔註2〕

在這個純樸的小農村裡擁有著兩座巍峨的廟宇——六興宮與鎮武宮，筆者自小在此長大，也因此媽祖信仰與玄天上帝信仰深深地影響著我，筆者對於兩建廟宇的印象是六興宮黑面三媽的香火十分鼎盛，而鎮武宮玄天上帝的香火相較之下似乎就沒那麼興盛，何以該地區的信仰中心由庄頭神玄天上帝轉移至黑面三媽？庄頭信仰中心的轉移，不僅牽涉兩間廟宇的建築規劃，更重要的是與當地民眾的關聯。

本研究初步田野調查，在 2020 年 10 月訪談了陳炎、王文科、王瑞戊等三位報導人，他們告訴筆者關於六興宮的興建淵源，其中說明黑面三媽原是供奉於王得祿公館的左側，因後來歷經 1904、1906 年兩次全台大地震後，當時的庄人才決定要將六興宮重建於現址（溪北村 65 號）。本庄的庄頭神應該是上帝公，但後來王得祿提督將黑面三媽請回溪北庄供奉，在其影響力下也間接促使庄內信仰情況產生變化，再加上在民國 78 年（1989）臺灣電視台以「正三媽」靈驗故事拍攝了電視劇「媽祖外傳」，而後又拍攝「三媽再生」、「媽祖後傳」等續集，造成一時的轟動，也導致後來的三媽信仰逐漸興盛。另外，本庄是何時開始有玄天上帝信仰及黑面三媽信仰？這樣的信仰變遷又是如何影響數百年來的溪北庄？以上問題將會在後續進行詳細的探討。

本文首先要探討的是溪北庄開墾的歷程、玄天上帝信仰何時傳入溪北庄？《溪北鎮武宮沿革簡介》〔註3〕中提到牛稠溪溪北有玄天上帝信仰，可以追溯至永曆 16 年（1661）鄭成功率師入台後，跟隨其渡海來台的先民們所帶入，至於香火為何人所傳入？草庵何時初闢則無記載，根據現存信仰與耆老相傳，可知玄天上帝乃溪北開庄之神。

接著，要討論的是六興宮與清代台灣人官位最高者——水師提督王得祿的淵源。王得祿字百獻，號玉峯，別號慎齋。王提督生於諸羅縣溝尾庄（今太

〔註2〕蔣月霞、李麗真、王振坤、李德住（2012），《溪北田水——嘉義縣新港鄉溪北社區——紀事探源》，嘉義縣新港鄉溪北社區發展協會，頁 35。

〔註3〕溪北鎮武宮管理委員會（2004），《溪北鎮武宮沿革簡介》，嘉義：溪北鎮武宮管理委員會。

保市），在三十歲時與其夫人結為連理後即在笨港地區牛稠溪堡溪北築居。也在此擴建提督府公館，並於三地倡闢三大媽祖廟：新港奉天宮、北港朝天宮、溪北六興宮。然而，王得祿跟笨港黑面三媽又有何關係？是否也因為王得祿提督的身分而影響著六興宮的發展？以及政治手段如何影響神祇的地位，這也是本文主要探討的重點之一。

再來，將會探討六興宮在王貫時期、管理委員會時期分別做了何種改變，以成為現今我們所看到的六興宮，另一方面，玄天上帝又是因為何種緣故而被庄民請出六興宮來獨力發揮，直至後來建鎮武宮供奉的歷程也將會在本文中做詳細的探討，兩廟間的信仰情況不僅牽涉到神明靈力的問題，更重要的是背後的人際網絡關係，俗話說：「也要人、也要神」，在本文當中將會深入探討人與神之間的緊密關係是如何影響溪北庄內的信仰情況。

最後，筆者也將記錄溪北庄內的無形文化與重要節日祭祀在現今的舉辦情況如何？庄內居民如何藉由各種祭祀活動來建立彼此間的歸屬感，也將會是本文所要探討的重點。

二、研究材料與範圍

本文以溪北庄的兩大公廟：鎮武宮與六興宮為研究主軸。其原因為筆者自小在此長大，但因求學之故而北上居住，自此便鮮少返回家鄉，長年在外之故以至於筆者對於村中之歷史與祭祀文化一知半解，因此希望能夠透過本研究來更深入的了解自己的家鄉。

關於溪北六興宮黑面三媽的相關文獻紀錄，最早為日人相良吉哉訪談後所編纂之《台南州寺廟名鑑》中所記載，提供筆者對於日治時期六興宮重建之過程以及當時的管理人與信徒人數概況有初步的了解。

另外，《臺灣日日新報》也於大正六年十月十九日（1917）、大正六年十月二十九日（1917）、大正七年五月四日（1918）、大正七年九月四日（1918）、大正七年九月十日（1918）、大正八年十月五日（1919）、大正八年十月六日（1919）、大正八年十月十二日（西元 1919）、大正九年五月五日（1920）、大正九年六月十六日（1920）、大正十年八月十日（1921）、大正十一年八月三十一日（1922）、大正十二年十月十三日（1923）、大正十三年十月四日（1924）、大正十四年三月八日（1925）、大正十四年十月十一日（1925）、昭和三年十月八日（1928）分別報導與溪北六興宮黑面三媽相關之新聞，其中最多的是祭典

迎神記載，另外也有六興宮重建狀況的記載，透過以上報導可以發現在當時嘉義地區的迎神活動中溪北黑面三媽時常與新港大媽、北港二媽一同被迎請至嘉義街繞境，可顯現當時媽祖信仰之興盛，而對於六興宮重建之情況也有相關報導。

王振坤於〈溪北六興宮正三媽廟沿革志〉〔註4〕敘述了六興宮的建廟經過，此篇沿革志記載了當時王得祿提督創建六興宮的動機與經過，也描述了明治三十七年（1904）與三十九年（1906）兩次嘉義大地震將六興宮震倒後，王得祿的後代及溪北庄民又是如何將其重建，並逐漸擴建至現今的樣貌。該文提供筆者更加清楚的背景資料。

另外，王振坤在其碩士論文《由笨港外九庄探討王得祿提督——兼述笨港三大媽祖廟的興建淵源》〔註5〕以歷史學的角度探討王提督的生平事蹟與社會時代背景、社會參與及諸羅笨港之地方行政，另外也兼述笨港三大媽祖廟的興建淵源，在其碩論中詳細的記載了王得祿提督是如何影響諸羅笨港地區的發展及行政制度，身為台灣人官位最高者，又與笨港三大媽祖廟有何淵源，該文可以做為筆者於探討六興宮與王得祿的關係時的分析資料之一。

關於溪北庄的玄天上帝記錄相關史料有日人相良吉哉於《臺南州寺廟名鑑》〔註6〕中所記載。另外，由王振坤所撰寫之《溪北鎮武宮沿革簡介》〔註7〕中記載著溪北玄天上帝信仰傳入之源流，而從村中耆老所言也可以得知玄天上帝為溪北開庄之神，筆者也將以該沿革簡介為基礎進行田野調查，查其真實性。

三、研究方法

本文研究方法主要是藉由訪談、觀察的方式，針對地方信仰中心的轉移，以及黑面三媽與玄天上帝的神蹟傳說與祭祀活動進行分析與探討，本論文之研究方法是採取文獻探究法與田野調查法，以下將會分別說明此兩種研究方法。

〔註4〕王振坤（2000），〈溪北六興宮正三媽廟沿革〉，《新港文教基金會月刊》十二月，頁12～15。
〔註5〕王振坤（2018），《由笨港外九庄探討王得祿提督——兼述笨港三大媽祖廟的興建淵源》，國立台南大學文化與自然資源學系台灣文化碩士論文，台南市。
〔註6〕相良吉哉（1933），《台南州寺廟名鑑》，臺灣日日新報台南支局出版。
〔註7〕溪北鎮武宮管理委員會（2004），《溪北鎮武宮沿革簡介》，嘉義：溪北鎮武宮管理委員會。

（一）文獻探究法（Literature Review）[註8]

文獻探究，係以筆者針對自身的研究問題，爬梳過去前人所研究之成果並加以探究。從本論文的問題意識、研究範疇等，將這些龐大且繁雜的研究成果，進行整理與分析，並給予這些史料一個客觀的解釋與描述，藉以輔助本文進行更全面的探究。

在祭祀圈的相關前行研究中，許嘉明等學者[註9]所提出之祭祀圈的觀點可以予本論文所參考。接著，在媽祖信仰的相關研究上已有許多學者發表各地媽祖廟的研究成果，其中蔡相煇[註10]也對於台灣地區的許多媽祖廟皆有進行研究，其中也包括六興宮，但對六興宮之論述並不多。不過，其對於媽祖廟的研究方法仍可以給予筆者許多參考。另外，玄天上帝信仰的相關研究，鍾智誠的碩士論文《清代嘉南地區玄天上帝信仰發展》[註11]，以清代為時空背景，探討嘉南地區的玄天上帝信仰發展。

在王得祿相關研究的部分，許佩賢等人[註12]所整理的王得祿生平事蹟、家族祖譜等相關資料提供很好的背景資料爬梳。關於王得祿與地方廟宇的相關論著則相對稀少，除邱亦松[註13]與顏尚文、潘是輝[註14]曾針對王得祿的宗教信仰部分進行探究外，相關文獻也是為數不多。六興宮與上帝爺廟（鎮武宮前身）本身的史料並不多，故本文希望能透過回顧祭祀圈、媽祖信仰、玄天上帝信仰及王得祿研究等相關論著，試圖爬梳其中的歷史脈絡，並希望透過自身的分析與統整來呈現溪北村的歷史、社會及信仰。

以往對於地方庄廟的探討許多都是從祭祀圈的角度來進行分析，但本論文所提出的「信仰中心的轉移」之議題則較少人觸及。筆者經由老師提醒後，

[註8] 本節之文獻探究法與田野調查法之英譯皆是參考「國家教育研究院　雙語詞彙、學術名詞暨辭書資訊網」。

[註9] 許嘉明（1978），〈祭祀圈之於居臺漢人社會的獨特性〉，《中華文化復興月刊》第11卷第6期，頁59〜68。

[註10] 蔡相煇（2006），《媽祖信仰研究》，台北市：秀威資訊科技。

[註11] 鍾智成（2006），《清代嘉南地區玄天上帝信仰發展》，國立中正大學歷史研究所碩士論文，嘉義縣。

[註12] 許佩賢、李其霖、陳世芳、郭婷玉（2019），《太子太師王得祿伯爵傳暨史料彙編》，嘉義縣：祭祀公業法人嘉義縣　王慎齋。

[註13] 邱奕松（1993），〈王得祿之信仰、芳躅、軼事〉，《嘉義文獻》，卷23，頁1〜17。

[註14] 顏尚文、潘是輝（2008），〈王得祿的宗教信仰行蹟之研究〉，《嘉義研究——王得祿專輯》，嘉義縣：國立中正大學台灣人文研究中心，頁23〜80。

試圖去釐清孔恩（Thomas S. Kuhn）所提出的「典範轉移」之概念，藉以用來解釋本論文所要探討的問題核心。

典範（paradigm）是孔恩於《科學革命的結構》（The Structure Of Scientific Revolutions）〔註15〕一書中所提出來的分析概念，其中書中對於「典範」的方式多達二十一種。不過若將其分別以狹義及廣義來定義，則能較為清楚理解。廣義的典範指的是：「一個科學社群裡的人所共享的信念、價值與世界觀的全貌」，狹義的典範則是指：「在上述全貌之下，被科學家共同『採信』，作為『解謎』依據的『範本』或『理論』、『公理』。」〔註16〕

Margaret Masterman（1970）進一步將典範在科學的實質內涵和作用，從三個從高到低的層次去剖析。最高的層次是形而上的典範意義，泛指某一科學領域裡的工作者所信仰的宇宙觀，亦即「看問題」的大方向和世界觀；中間的層次是社會學典範的意義，指的是科學社群中所形成的特有制度、規範、價值、習慣和約定俗成的決定方式等；最低的層次是建構的典範意義，指的是一群科學家共同特有和使用的研究方法和工具等。〔註17〕

從上述的剖析，我們可以更加釐清「典範」的概念。然而，科學的「真理」其實是當時科學家所信服的主流典範建構出來「真實性」，在這個過程當中包含了許多的社會學現象，例如：權力、社群、規範、價值、世界觀、衝突、抵抗等諸多現象，可以說孔恩正將科學現象社會學化。在此也可將科學的「進步」比擬成社會的「變遷」，在變遷的過程當中不全然會是和平、漸進的，或許存在著「科學內的革命」，出現一種「新典範推翻舊典範」的過程，直至新典範革命成功，取代舊典範，這樣的過程便稱之為「典範轉移」〔註18〕。

本文探討的「信仰中心的轉移」與孔恩所提出來的「典範轉移」頗有相似之處，若將上帝爺廟視為信仰的「典範」，那麼何以在後來六興宮創建後，信仰中心似逐漸由玄天上帝轉移至媽祖。

從上帝爺廟的相關史料來看，《台南州寺廟名鑑》〔註19〕記載著溪北庄最

〔註15〕孔恩 Thomas S. Kuhn 著；程樹德、傅大偉、王道還譯（2017），《科學革命的結構》，台北市：遠流。

〔註16〕蕭新煌等編撰（2006），《台灣新典範》，台北縣：群策會李登輝學校，頁10～11。

〔註17〕蕭新煌等編撰（2006），《台灣新典範》，頁10～11。

〔註18〕蕭新煌等編撰（2006），《台灣新典範》，頁10～11。

〔註19〕相良吉哉（1933），《台南州寺廟名鑑》，臺灣日日新報台南支局出版。

早出現的祭祀團體為「上帝爺會」，由十七名庄民所組成，主祀玄天上帝，直至後來信徒逐漸增加後才建廟供奉，名為「上帝爺廟」。另外，《溪北鎮武宮沿革簡介》[註20] 提到依據庄內耆老所言均認為玄天上帝為溪北庄開庄之神，從上述史料記載可推測，當時溪北庄民似乎十分推崇玄天上帝信仰，也認為玄天上帝是溪北庄的庄頭神。

這樣的推崇與鄭氏政權也有莫大的關係，鄭氏遷台後，為了表明效明的心意，因此在台廣建真武廟，企圖以明朝守護神玄天上帝的信仰，做為反清復明的精神支柱，玄天上帝的神格自然會高出其他神祇[註21]，對於當時跟隨來台的閩粵移民而言，其主要目的是為了要安居樂業，保身立命，因此對於任何神祇只要能夠解厄消災，尤其與航海有關的神祇，便會成為供奉的對象，加上在原祖籍地本就有玄天上帝信仰，故接受程度頗高，因此當先民跟隨鄭氏政權來台後，玄天上帝信仰開始蓬勃發展。

以上的記載說明了玄天上帝信仰與明鄭政權有著密切的關係，筆者認為，鄭氏是有意識地將玄天上帝信仰塑造成一個「信仰的典範」。藉由廣建真武廟與推崇玄天上帝信仰來拉攏民心，以達成其反清復明的政治目的。

廣義的「典範」原指的是一個科學社群所共享的信念、價值與世界觀的全貌。那麼，若將此概念套用至溪北庄這個社群之中，可以發現玄天上帝信仰便是該社群所共享的價值觀與信念，全庄的人皆認為玄天上帝是開庄之神也十分推崇，庄內的重要事務，抑或是庄民遇到不能解決的問題，均會請玄天上帝出來主持，以其所指示的方向來解決，重要祭典上也都以上帝爺廟為中心來做舉辦。上帝爺廟對溪北庄而言不僅僅是一個祭祀場所，更是凝聚同庄意識的重要指標，也因此可以稱之為庄內信仰的典範。

然而，六興宮出現後，溪北庄的信仰中心似乎出現轉移的現象，王得祿與笨港媽祖信仰的民間傳說，從內容與情節上來看可以發現，王得祿長年虔誠信奉媽祖，且在命危之時曾感受到媽祖在旁默默庇佑他度過難關，為了答謝媽祖的神恩，故專程前往湄洲祖廟奉請三尊媽祖回台奉祀，大媽跟二媽分別供奉於新港奉天宮、北港朝天宮，而最為靈顯的三媽則請回府宅左側建廟供奉。王得

[註20] 溪北鎮武宮管理委員會（2004），《溪北鎮武宮沿革簡介》，嘉義：溪北鎮武宮管理委員會。

[註21] 吳季晏（1933），〈明清政權的迭換與台灣玄天上帝信仰〉，《道教學探索》第七號，頁 246～271。

祿將其所以能有今日之成就的原因歸功於媽祖的保佑，因此十分推崇媽祖信仰。由於王得祿在地方政治上的威望，因此各廟宇也會有抬王得祿與該廟有關以自重的心態，笨港三大媽祖廟中又以六興宮與王得祿關係最為密切，該廟是王氏聯合六個庄頭一同興建，建立後是否因王得祿的威望而對於溪北庄信仰情況產生影響。

再者，民國 78 年（1989）台灣電視台以黑面三媽靈驗故事為題材拍攝電視劇，收視率創下新高而造成轟動，是否因此為黑面三媽帶來更多信徒而奠定六興宮在溪北庄的地位？以及後來六興宮管委會系統性的經營方式以及對於地方上所做出的貢獻是否也影響黑面三媽的信仰情況？典範的確立不僅是出自個人主觀的認定，地方政治上的威望、政權的轉變、媒體的形塑與管委會的管理等問題均有待釐清。另外，在庄內重大祭祀節日上的流程是否有所改變？以及民眾是否曾親身體驗過神蹟的顯現？以上問題筆者將會在後續做更進一步的探討。

（二）田野調查法（Field Research）

本論文中大多數仰賴的是民俗學當中的田野調查法，筆者透過親自參與廟宇祭典活動、訪談耆老等方式來蒐集資料。以旁觀者的角色投入田野當中，來瞭解本村的社會文化、信仰及歷史脈絡，之後再記錄成田野報告，以呈現最真實的樣貌。

筆者藉由訪談村中耆老的過程當中，接收了言語上、肢體上及情緒上的所有資訊，藉此能瞭解報導人對於訪談內容之記憶與心態，也是筆者日後進行資料分析的重要依據。

田野調查的過程中，不能只有表象的紀錄，而是必須深入當地環境，瞭解地方知識與觀點，並保持與報導人之間的友好互動關係。筆者在訪談的過程中以報導人的語言來進行深入訪談，當尋找意義時，也盡可能採取報導人的觀點來做為解釋。而報導人的觀點體系與行為模式，則必須以邏輯分析來定義。〔註22〕總之，必須站在報導人的角度來做思考，才能貼近其生命經驗及對於宗教儀式之認知。

在親身進行田野調查之前，筆者先擬定訪談的問題大綱及方向並對於當地做充足的瞭解，接著以報導人所闡述之生命經驗來獲得第一手的資料，再經

〔註22〕陳龍廷（2010），《發現布袋戲：文化生態・表演文本・方法論》，春暉出版社，頁 31。

由文獻資料的蒐集，以確立較為明確的研究目標與範疇。而在進行訪談前筆者會事先知會報導人，並於訪談過程中的互動來獲取相關資料。訪談主要採取深入訪談法，過程多以手機錄音及筆記本做紀錄，在訪談的過程中也隨時觀察報導人的反應，以引導其做出更深入的回答。在結束訪問後將錄音檔整理成逐字稿，並徵求報導人同意將其名字與所有訪談內容供本文做使用。

　　而在整理完逐字稿後將會與文獻史料做交叉比對與驗證，確立其中的真實性，若之後有相關問題筆者仍會再次親自訪問報導人。若對於報導人所提供之說法有疑慮時，也會先將問題紀錄於田調筆記中，爾後再去請教相關學者以驗證其真偽。

　　筆者藉由田野調查之計，訪談了當地的居民耆老，關於報導人的身分背景以及他們接受訪談的情況，訪問的時間、地點與筆者選擇他們為訪談代表的理由如下：

1. 陳炎（1933 年次）：六興宮前廟公，於 2020 年 10 月 21 日在六興宮廟內進行訪談，訪談前筆者先表明來意，報導人也很樂意接受訪談，在過程當中十分順利。而筆者會選其為訪談代表最大的原因是因為報導人可以算是現今庄內耆老中年紀最大者，也在六興宮服務了幾十年的時間，故筆者盼能從其口中聽到關於早期溪北庄的歷史。

2. 王文科（1958 年次）：王得祿家族第五代傳人，於 2020 年 10 月 21 日在王公館內進行訪談，訪談情況十分順利，報導人很樂意與筆者分享王得祿當時興建六興宮的經過，因其為王得祿家族的直系成員，故其所口述內容具有相當的參考價值。

3. 王瑞戌（1949 年次）：第五屆鎮武宮祭典組成員，於 2020 年 10 月 21 日在報導人家中進行訪談，因為其在鎮武宮連續兩年擔任祭典組的成員，對於鎮武宮的祭祀情況較為清楚，且報導人的受訪態度十分和善，也提供筆者諸多資料。

4. 江明煌（1949 年次）：鎮武宮現任副主委，於 2020 年 12 月 17 日在報導人家中進行訪問，因為其為現任副主委，且曾擔任過鎮武宮建廟的籌備委員會成員，對於玄天上帝從請出六興宮直至建新廟的過程都有參與，也對於廟內大小事務十分清楚，故選其為訪談代表人，在訪談過程中報導人也熱心的告訴筆者若想問更多其他的問題該去找誰，提供筆者許多訪談對象資料。

5. 徐忠誠（1943 年次）：六興宮第六屆主委，於 2020 年 12 月 18 日在他所開設的檳榔攤內訪問，報導人在擔任第六屆主委時受到玄天上帝所託，將其請出六興宮並另建新廟獨立發揮的重要人物，當時若非報導人的堅持，也許現今玄天上帝仍然供奉在六興宮內，在訪問的過程中詳細的向筆者說明當時玄天上帝降駕於六興宮內請託以及後來將玄天上帝請出廟至建新廟前的情況，讓筆者紀錄了十分珍貴的口述資料。

6. 林清山（1953 年次）：鎮武宮現任監事，於 2021 年 2 月 25 日、7 月 15 日在鎮武宮內訪問，筆者主要針對鎮武宮、六興宮的運作以及庄內祭典的過程向報導人請益，因其為現任監事，也於六興宮內擔任廟公，對於兩間廟宇的運作流程較為了解，故選其為訪談代表人物，在訪談的過程中除了詳細向筆者說明廟務與祭典情況外，也熱心的提供筆者照片資料。

7. 江石柱（1945 年次）：鎮武宮現任主委，於 2021 年 4 月 14 日、2021 年 7 月 14 日在鎮武宮內進行訪問，報導人不僅為現任主委，也曾是鎮武宮的籌備委員會成員，對於當時的建廟情況與現今的管理情況十分清楚。在訪問過程中報導人向筆者詳細說明現今廟宇的管理情況以及管委會及爐主的選拔方式，還有針對鎮武宮的重大祭典做說明，包括安五營、云庄、上帝公誕辰祭典……等，也與筆者談論到在其年輕時練習陣頭的情況。

8. 王國松（1954 年次）：溪北集群軒第三代傳人、六興宮現任主計，於 2021 年 7 月 14 日在報導人家中進行訪問，其身為現任館主，故十分了解從早期到現今集群軒的發展情況，也詳細的向筆者介紹家中的獅頭、出陣用的伴奏樂器以及兵器類，並同意讓筆者攝影。另外，其另一個身分為「好兄弟會」（庄內中元普渡的召集組織）去年的爐主，故關於中元普渡的祭祀流程報導人也向筆者詳細的說明，也向筆者說明庄內「角頭戲」的由來。

9. 江筱芃（1978 年次）：六興宮現任主委兼新港鄉民代表，於 2021 年 7 月 15 日、8 月 29 日分別在六興宮內及使用視訊的方式進行訪問，報導人身為連續三屆的管委會主委，對於廟中的一切大小事務都十分清楚，也熱心的提供筆者諸多資料與照片，筆者主要針對六興宮廟內同祀神尊的緣由做說明，另外也針對六興宮自古至今的發展情況以及未來展望，還有每年的云庄、媽祖誕辰祭祀以及中元普渡的情況做描述，並提及好兄弟會（庄內中元普渡的召集組織）從今年開始來與六興宮合辦中元普渡的原因來做訪談，報導人也均詳細的回答。

10. 林文樹（1949 年次）、王聰義（1951 年次）：林文樹為現任鎮武宮的常務
　　監事，王聰義為自王貫子嗣手上買下六興宮經營權並還歸於民的關鍵人物
　　之一，於 2021 年 12 月 4 日在鎮武宮進行訪問，筆者針對鎮武宮現今的營
　　運狀況以及如何拓展更多外地信徒的方式等問題對林文樹先生進行訪談，
　　王聰義先生的部分則是針對其自王貫子嗣手中購下六興宮經營權的過程
　　進行訪談，兩位報導人均詳細地告訴筆者他們所做之事背後的動機，也熱
　　心地與筆者分享現今兩間廟宇的信仰情況。

四、文獻回顧與分析

　　本文是以庄頭神信仰的角度來作切入，探討當地信仰中心逐漸由玄天上
帝轉移至黑面三媽，其中的歷史、社會及信仰原因，以及現今庄內信仰的情
況。以下筆者將分別從祭祀圈相關研究、媽祖信仰研究、玄天上帝研究及王得
祿相關研究來做回顧。

（一）祭祀圈相關研究

　　最早給予「祭祀圈」定義的是日本學者岡田謙，他在〈台灣北部村落之祭
祀範圍〉〔註 23〕一文中說明祭祀圈是「共同奉祀一個主神的民眾所居住之地
域」。接著給祭祀圈重新定義的是許嘉明，他在〈祭祀圈之餘居台漢人社會的
獨特性〉〔註 24〕中說明祭祀圈是「以一個主祭神為中心，信徒共同舉行祭祀所
屬的地域單位。其成員則以主祭神名義下之財產所屬的地域範圍內之住民為
限。」以成員與主祭神之間的四種權利義務關係來釐定祭祀圈的指標，此四種
指標分別是：（1）出錢有份（2）頭家爐主（3）巡境（4）請神。並指出祭祀
圈的具體研究對象是村廟，以及以鄉鎮為範圍之祭祀圈研究的適切性。

　　接著，許嘉明〈彰化平原福佬客的地域組織〉〔註 25〕中以祭祀圈的概念探
討聚居於彰化縣境內，現在主要分布於永靖、埔心及員林等鄉鎮的福佬客居民
之地方群體的組成，主要從祭祀圈的內涵看居民的來源，以了解該地方的群體
是由那些因素組成。

〔註 23〕岡田謙（1938），〈臺灣北部村落に於ける祭祀圈〉《民族學研究》第 4 卷第 1
　　　　期。
〔註 24〕許嘉明（1978），〈祭祀圈之餘居臺漢人社會的獨特性〉，《中華文化復興月刊》
　　　　第 11 卷第 6 期。
〔註 25〕許嘉明（1973），〈彰化平原福佬客的地域組織〉，《中央研究院民族學研究所集
　　　　刊》第 36 期。

　　林美容〈由祭祀圈來看草屯鎮的地方組織〉中認為祭祀圈之指標為：（1）建廟或修廟居民共同出資（2）有收丁錢或募捐（3）有頭家爐主（4）有演公戲（5）有巡境（6）有其他共同的祭祀活動，至少要滿足一個以上的指標才能夠構成祭祀圈。而其認為當中最明顯的指標為「收丁錢」的範圍，因為有收丁錢的，有時會寫總共收入多少，有時會寫從第幾鄰到第幾鄰每一鄰收入多少，有時會寫每一角頭收入多少，紅紙上所記錄的丁錢範圍，最足以顯示祭祀圈的範圍。〔註26〕

　　然而，林美容〈由祭祀圈到信仰圈──台灣民間社會的地域構成與結構〉進一步的提出「信仰圈」的概念，其說明：所謂信仰圈，是指某一神明或（和）其分身之信仰中心，信徒所形成的志願性宗教組織，信徒的分佈有一定範圍，通常必須超越地方社區的範圍，才有信仰圈可言。〔註27〕並將信仰圈與祭祀圈分為幾點來略述其不同：（1）信仰圈以一神信仰為中心，祭祀圈則祭拜多神（2）信仰圈的成員資格是志願性的，祭祀圈的資格則為義務性強迫性（3）信仰圈是區域性的，祭祀圈是地方性的（4）信仰圈的活動是非節日性的，祭祀圈的活動是節日性的。並說明信仰圈可涵蓋許多層次大大小小的祭祀圈。

　　宋天翰〈「祭祀圈」理論的再思考──一個歷史學觀點的考察以清水巖為例〉〔註28〕一文中則是從歷史發展的時間縱向考察出發，運用史料研究與田野調查的方式，嘗試釐清清水巖寺的歷史起源以及以清水巖寺為例提出無論「信仰圈」或者「祭祀圈」，在解釋寺廟與市場區位、族群、信仰關係上的侷限性。重新提出「祭祀圈」與「信仰圈」理論的再思考。

　　許淑娟〈由村廟看同庄意識──以台南市安南區為例〉中指出：由於台灣聚落發展型態有散村和集村之分，各地的行政系統，在合併或分化之餘，常使聚落和行政區的定位產生變化。因此所謂同庄意識的空間指涉，並非籠統模糊，而是明確的，其具體象徵，常以庄廟作為代表。〔註29〕他認為所謂的同庄意識最明確的具體象徵便是「庄廟」，村廟通常是便是一個聚落所在的

〔註26〕林美容（1987），〈由祭祀圈來看草屯鎮的地方組織〉，《中央民族研究所集刊》第62期，頁62。
〔註27〕林美容（1988），〈由祭祀圈到信仰圈──台灣民間社會的地域構成與發展〉，《第三屆中國海洋發展史研討會論文集》。
〔註28〕宋天翰（2006），〈「祭祀圈」理論的再思考──一個歷史學的觀點考察以清水巖為例〉，《中洲學報》第24期。
〔註29〕許淑娟（2001），〈由村廟看同庄意識──以台南市安南區為例〉，《環境與世界》第5期。

重要指標。

　　林美容在《臺灣人的社會與信仰》一書中也指出:「台灣民間宗教最核心的部分是地方社區的公眾祭祀,也是台灣民間信仰之社會本質的呈現。很明顯的,在台灣有村庄便有村廟,無村廟者,也會與鄰近的村庄,共建聯庄廟,或參與鄰近較大村庄之村廟的祭祀,否則自己村內也有自古以來就崇奉的神祇及其香爐,每年卜爐主,輪流祭祀。」〔註30〕由上述可得知村廟對於同一聚落而言是十分重要的,村廟的宗教活動是一種公眾性的群體祭祀活動,村廟的管理委員會負責廟內事務,祭祀活動則由頭家爐主發起來推動祭典的舉行。

　　陳龍廷〈鹿港當境神明與居民的關係——以牽狀儀式為例〉〔註31〕總結其田野調查之結果,鹿港當地的居民而言,在乎的是神明所發揮的功能,指出神祇真正的意義及為當地角頭的守護神,也就是所謂的「當境神明」。若遇到「看不見」的事情或是棘手的問題時,便會求助當地的神明,希望能透過當地神明來解決問題,庄頭神亦是同樣的道理,當庄人遇到任何困難,便會求助於庄頭神,希望能藉由神明的靈力來度過難關。

　　謝宗榮《圖解台灣傳統宗教文化》〔註32〕一書中提到:台灣民建廟宇一般可分為公建(募資)和私建兩類,其中又以公眾募款所建的各類型公廟居多。「公廟」是指一個村莊、角頭的共同祭祀中心,廟宇的祭祀事務得由全體信眾共同參與,所有經費也來自於信徒的捐獻,而在早期祭典活動的支出甚至以「收丁錢」方式向每戶募集。因此每遇有公廟的慶典活動,如神明聖誕、重大法會等,幾乎都是整個村落總動員的時候。而村落遇重大事件時也會聚集於公廟商討,因此公廟除了是村落的信仰中心外,通常也是公共事務處理中心。

　　徐碧霞《鸞堂型村廟的儀典與組織:以苗栗頭屋雲洞宮為例》〔註33〕探討鸞堂型的村廟,結合祭祀圈、祭祀組織、地域社會的概念,討論雲洞宮公廟祭典的地域特性、與職能日益擴大的管理組織,再由雲洞宮複雜且多元的祭典方式,呈現鸞堂與公廟的祭典變遷。其中發現雲洞宮之所以能夠成為地方公廟是

〔註30〕林美容(1993),《台灣人的社會與信仰》,自立晚報文化出版,頁162。
〔註31〕陳龍廷(2003),〈鹿港當境神明與居民關係——以牽狀儀式為例〉,《台灣文獻》第54卷第2期。
〔註32〕謝宗榮(2018),《圖解台灣傳統宗教文化》,台中市:晨星。
〔註33〕徐碧霞(2011),《鸞堂型村廟的儀典與組織:以苗栗頭屋雲洞宮為例》,國立交通大學客家文化學院客家社會與文化學程碩士論文,新竹市。

因為有村民信眾長期參與天神良福祭典與廟務，有管理組織運作廟務與廟產，又有輪值爐主福首組織進行祭典儀式，種種因素因而可以稱之為地方公廟。

陳建宏《公廟與地方社會——以大溪鎮普濟堂為例》〔註34〕以大溪鎮普濟堂為例，討論公廟與地方社會的關係，陳從自然環境、土地拓墾、祖籍群分布、人口結構、產業交通、宗教活動、地方菁英以及一般民眾的生活型態種種角度切入，探討普濟堂發展之時空背景與社會概況，並將其置於社會經濟結構的長期發展脈絡下論述。他指出：普濟堂之所以能成為大溪鎮的地方公廟，其中原因有三，分別為主神信仰、管理階層與繞境活動。說明普濟堂之興盛主要是其主神神格跨地域性，不受限於祖籍，可吸納不同屬性之居民，而建廟後又受到幾位地方重要的菁英及其家族大力支持，並透過每年反覆進行的繞境活動，除了長期維持其地位與聲勢，並與地方民眾建立良好互動。由此可見，之所以能夠成為公廟，除了信仰地域性之外，其地方菁英與信眾的支持也是十分重要的因素。

李亭《東沙大王信仰研究：軍管區神明文化之考察》〔註35〕中以文化人類學的角度探討東沙島上的民間信仰分析東沙大王廟的開基大王神像，另外也記錄東沙大王的祭祀禮儀、繞境活動與傳說神蹟，呈現東沙大王信仰的獨特之處。該論文聚焦在東沙大王廟的特殊祭祀圈，其中的田野調查方法與論述方式及祭祀圈的探究，相當值得本論文參考。

李榮堂《神蹟佮祭祀活動——當代義愛公信仰之研究》〔註36〕中以「義愛公」為主要探討對象，記錄義愛公的起源、神蹟與祭祀活動，說明一位日本警察如何發展成為台灣的民間信仰。運用了祭祀圈的概念來做分析，並透過田野調查的方式來取得相關資料，同樣可做為本論文的研究面向與方法之參考。

綜合上述所回顧的祭祀圈相關研究來看，隨著時代的變遷，祭祀圈所界定的指標或許已有所不足，以六興宮來說，雖然在媽祖誕辰與重要法會時，仍然由村中居民共同出錢出力來舉辦，但由於黑面三媽的信仰並不再侷限於本村或鄰村，全台各地都有其信徒，故已經由祭祀圈發展成信仰圈，然而，鎮武宮

〔註34〕陳建宏（2004），《公廟與地方社會——以大溪鎮普濟堂為例（1902～2001），國立中央大學歷史研究所碩士論文，桃園市。

〔註35〕李亭（2020），《東沙大王信仰研究：軍管區神明之考察》，國立臺灣師範大學文學院台灣語文學系碩士論文，臺北市。

〔註36〕李榮堂（2019），《神蹟佮祭祀活動——當代義愛公信仰之研究》，國立臺灣師範大學文學院臺灣語文學系碩士論文，台北市。

的玄天上帝並未有此情況出現，在此引發筆者思考的是，本庄應是以玄天上帝為庄神，何以黑面三媽的神威之顯赫凌駕於玄天上帝，甚至造成信仰圈的產生？在後續會做更深入的討論。

接下來將回顧黑面媽祖信仰研究、玄天上帝信仰研究及王得祿相關研究。

（二）媽祖信仰相關研究

蔡相煇《媽祖信仰研究》〔註37〕第九章〈明清時期台灣地區的媽祖祠祀〉中討論媽祖信仰於明清時期傳入台灣的狀況，媽祖信仰最早傳入台灣澎湖為明朝萬曆年間，但在明鄭時期，台灣民間雖有媽祖信仰，但並非官方祀典，直至康熙23年（1684）清朝正式將台灣納入版圖後才產生第一波媽祖信仰的高潮，康熙至乾隆年間臺灣之媽祖信仰是由清朝官方或有清軍將領家族色彩的豪族主導下建構而成，嘉慶以後臺灣媽祖信仰的建立，由外在移入轉為內部發展，其核心廟宇為朝天宮。該文敘述了明清時期臺灣媽祖信仰的變遷，有助於筆者更了解媽祖信仰在台的脈絡。

而蔡相煇也於該書其他篇幅中探討明鄭時期的玄天上帝信仰概況，指出鄭成功家族本身以玄天上帝為海上的守護神，鄭成功既以水師抗清，奉玄天上帝對於軍隊的士氣也有莫大的鼓舞，加上鄭氏本人對於北極星的崇拜癖好，因此在其掌管台灣期間廣建玄天上帝廟，卻忽略媽祖信仰也是十分重要的水神信仰之一，故無建媽祖廟供奉。

王見川與李世偉在《臺灣的民間宗教與信仰》〔註38〕一書中探討了關於日據時期臺灣的媽祖信仰，其指出在乙未年（1895）割台後，媽祖信仰並未隨政權易手而衰落。相反的，由於臺灣長期的穩定景氣與法律上的限制解除，媽祖信仰益加蓬勃，尤其是在大正年間。另外在該文內也探討了湄洲媽祖來台之情形，其中更提及了「黑面媽祖」來台一事，另外也列出臺灣媽祖廟到湄洲祖廟進香之情形，當中也有提及溪北六興宮於大正年間由高雄乘船至湄洲進香，並簡略說明進香之目的。

另外，張珣在《媽祖‧信仰的追尋》〔註39〕第七章〈民主與環保：台灣媽祖文化新趨勢〉一文中探討了台灣媽祖文化現象，包括：熱衷於前往湄中謁祖進香、熱衷於比較系譜大小、熱衷於建立媽祖廟間的網絡、與現代傳播媒體合

〔註37〕蔡相煇（2006），《媽祖信仰研究》，台北市：秀威資訊科技。
〔註38〕王見川、李世偉（2000），《台灣的民間宗教與信仰》，台北縣：博揚文化。
〔註39〕張珣（2009），《媽祖‧信仰的追尋》，台北市：博揚文化。

作、深入社區參與公共事務、挑戰政府政策等現象。其中，除了前往湄洲進香的部分在上一段落已有回顧，該篇文章提出另一個現象：「與現代傳播媒體合作」引起筆者的再思考，文中闡述了大甲鎮瀾宮媽祖繞境時與台灣電視公司合作，做一個全程直播。而溪北六興宮也曾於民國78年（1989）投資數百萬與台灣電視公司合作，以「正三媽」靈驗的故事，拍攝「媽祖外傳」劇集，收視率稱冠全台。而後又製作「三媽再生」、「媽祖後傳」等續集，轟動一時。是否也為現代媽祖文化現象的轉變，而六興宮正三媽的神威是否因此而更加顯赫，筆者可藉由此觀點來做更詳細的訪談與記錄。

石萬壽《臺灣的媽祖信仰》〔註40〕從歷史文獻去考證媽祖身世、封諡以及各朝代媽祖廟建立，論述歷代媽祖信仰的變化，從宋元明三代來看，媽祖只是海洋的守護神，直至清代才成為日常生活的守護神，並說明臺灣早期媽祖廟，是先由澎湖，在到台南，之後向南北擴散，其中與漢人開墾之路線有很大的關係。

林美容《媽祖信仰與台灣社會》〔註41〕將媽祖信仰放在台灣漢人社會形成與發展的歷史脈絡之中，來解釋台灣諸多的地方性與區域性的媽祖信仰，及其與聚落、村落、聯庄組織、區域聯盟的關係，同時也解釋了媽祖信仰與民俗技藝團及俗民生活的密切關係。該著作中主要以信仰圈為主要理論，探討了包含彰化、關渡、台中新社鄉等地的媽祖信仰，對於本文所要探究之六興宮黑面三媽信仰提供了一個可參考的切入角度。

邱仲澐《嘉義縣寺廟楹聯研究──以媽祖奉祀為研究場域》〔註42〕，以「楹聯」為主軸，探討嘉義縣各地媽祖廟的楹聯之內容與文學性，藉由楹聯也可探討出該廟宇的歷史沿革、發展、主祀神明等相關資料，另外其也在探討楹聯的過程當中發現寺廟與當地聚落的關係，因為有些寺廟楹聯會嵌入當地聚落的地名與地方特色，彰顯出寺廟與居民密不可分的關係。雖該碩論是以楹聯的角度來對媽祖廟做探討，但在本論文探討溪北六興宮的部分時仍可參考。

綜合上述所回顧之媽祖相關研究來看，相關史料則有日據時期相良吉哉編纂之《臺南州寺廟名鑑》〔註43〕內有記錄六興宮，另外也可從《台灣日日新

〔註40〕石萬壽（2000），《臺灣的媽祖信仰》，臺原出版社。
〔註41〕林美容（2006），《媽祖信仰與地方社會》，台北縣：博揚文化。
〔註42〕邱仲澐（2016），《嘉義縣寺廟楹聯研究──以媽祖奉祀為研究場域》，南華大學文學系碩士論文，嘉義縣。
〔註43〕（日）相良吉哉（1933），《台南州寺廟名鑑》，臺灣日日新報台南支局出版。

報》〔註44〕的報導中窺探在日據時期六興宮黑面三媽的相關祭典與湄洲進香活動。當代也有王振坤所編纂之《溪北六興宮正三媽沿革》〔註45〕輔助筆者更加了解六興宮的歷史淵源，經過以上史料的爬梳後，使筆者能夠建立起一個更加完整關於六興宮正三媽的背景資料。

除了史料外，一直以來也都有許多著名學者如林美容、蔡相輝、王見川、李世偉、石萬壽、張珣等人持續以不同的面向來探討媽祖的議題，研究數量十分龐大，但關於六興宮正三媽的研究卻十分稀少，並未見有人針對該廟做一個全面性的探討。

（三）玄天上帝信仰相關研究

蔡相輝〈明鄭台灣之真武崇祀〉〔註46〕，對於明鄭時期在台灣所建之真武廟作說明，並指出明鄭崇祀真武神與其奉明朝正朔之精神相同，解釋清代在台流傳不同於經典之真武傳說的原因，筆者亦可從中獲得玄天上帝傳說的相關資料。

吳季晏〈明清政權的迭換與台灣玄天上帝信仰〉〔註47〕，探討明清政權的更迭對玄天上帝信仰的影響，其說明於明鄭遷台時，即祭祀玄天上帝，除奉明正朔，展示明正統所在外，亦有反清復明之意。而到了明鄭降清後，清廷為了斷絕明鄭的玄天上帝信仰，製造了同為閩粵移民在祖地即有信仰的海神——媽祖的巨大神蹟，進而影響台灣玄天上帝的信仰，此觀點引發筆者思考，是否本庄的信仰中心轉移也與此有所關聯，可參考該文的角度於本論文中做深入的探討。

王麗雯《日據以前台灣真武信仰之源流與發展》〔註48〕，說明日據以前真武信仰在閩、台兩地的發展與分布。其指出明鄭政權的大力興建真武廟得以讓真武信仰在台灣立足，但在歷經清朝的打壓與日據時期台灣總督府推動「皇民化運動」後的衝擊，真武信仰至今在台灣民間信仰仍占有重要地位。並從真武

〔註44〕臺灣日日新報資料庫，https://terms.naer.edu.tw/。
〔註45〕王振坤（2000），〈溪北六興宮正三媽廟沿革〉，《新港文教基金會月刊》十二月，頁12～15。
〔註46〕蔡相輝（1984），〈明鄭時代台灣之媽祖崇祀〉，《台北文獻》第69期，頁263～272。
〔註47〕吳季晏（1993），〈明清政權的迭換與台灣玄天上帝信仰〉，《道教學探索》第七號，頁246～271。
〔註48〕王麗雯（2003），《日據以前台灣真武信仰之源流與發展》，國立成功大學歷史研究所碩士論文，台南市。

信仰傳說在臺的演變及真武神職能的轉變，進一步論述真武至今仍然能夠成為台灣民間主要信仰之原因。本論文也將參考其探討台灣真武神與媽祖地位之消長一節，思考溪北庄的信仰中心變遷是否也有此一層面上的關係。

鍾智誠《清代嘉南地區玄天上帝信仰發展》〔註49〕，探討玄天上帝信仰與祭祀活動，及清代嘉南地區漢人社會的關係，從嘉南玄天上帝信仰、分布、組織、發展、祭祀儀式的討論中，可以看到清領時期民間信仰對於社會的重要性。廟宇的發展不只是聚落開發的指標外，其組織更是漢人聚落組織，亦可從該文的論述中參考與本論文玄天上帝信仰部分的相關之處。

林依德《笨港地區庄頭的發展與變遷（1895年以前）》〔註50〕，以清代笨港地區的自然變遷與漢人聚落發展、漢人庄頭發展及笨港街的興起與變遷等角度來作探討，其中對於笨港的開發變遷及庄頭發展有詳細的描述，可以輔助本論文於探討溪北庄的拓墾發展的部分。

林彥如〈嘉義阿里山玄天上帝信仰及其傳說〉〔註51〕，探討了阿里山受鎮宮的玄天上帝信仰，因於開墾山林祈求平安與健康，在山中，也成了民眾與山林工作者的守護神，已不同於最初的戰神或是傳入臺灣時的海神形象，信仰功能因地制宜且貼近民眾需求。說明玄天上帝形象的轉變，另外也由傳說的角度來探討該廟玄天上帝的傳奇故事。

張惟修《雲林縣玄天上帝信仰及其傳說》〔註52〕同樣以地方玄天上帝信仰與傳說為探討核心。該研究從玄天上帝廟宇的創建沿革以及宗教活動的變遷為背景，採集並分析玄天上帝廟宇修建和玄天上帝消災解厄的傳說，來呈現玄天上帝信仰在雲林的概況。

盛翠穎〈頭城外澳接天宮玄天上帝信仰之發展與實踐〉〔註53〕，以頭城外澳接天宮的玄天上帝信仰發展，其文由聚落發展的角度切入，首先，審視外澳

〔註49〕鍾智成（2006），《清代嘉南地區玄天上帝信仰發展》，國立中正大學歷史研究所碩士論文，嘉義縣。

〔註50〕林依德（2011），《笨港地區庄頭的發展與變遷（1895年以前）》，國立嘉義大學史地學系研究所碩士論文，嘉義市。

〔註51〕林彥如（2015），〈嘉義阿里山玄天上帝信仰及其傳說〉，《中國文化大學中文學報》第31期，頁65～76。

〔註52〕張惟修（2012），《雲林縣玄天上帝信仰及其傳說》，國立臺灣師範大學歷史學系碩士論文，台北市。

〔註53〕盛翠穎（2018），〈頭城外澳接天宮玄天上帝信仰發展與實踐〉，《新世紀宗教研究》第17卷第1期，頁83～122。

接天宮所在地頭城鎮之特殊地理位置與歷史背景對宮廟發展所產生的影響；其次分別解析外澳接天宮宮務經營模式與主要慶典活動的表現，藉以梳理出玄帝信仰在外澳接天宮的具體實踐形態與推展情況。同時，對玄帝信仰在台灣深耕茁壯的在地化過程產生進一步的理解。

綜觀以上關於玄天上帝信仰相關研究的回顧，可以發現在史料中關於溪北村上帝爺廟的記載除了《台南州寺廟名鑑》外，並無其他紀錄，史料可謂十分稀少，因此絕大部分的資料筆者仍然得仰賴田野調查與訪談耆老之口述。然而，前人所作之玄天上帝信仰研究則十分豐富，在近幾十年的學術界裡已有越來越多人重視此一信仰，最早從玄天上帝信仰的淵源來探討，到了之後之多學者將焦點放置於台灣的真武信仰，分別探討全台各地的真武信仰之流變與發展，這些前行研究之於本論文所要討論的溪北村玄天上帝信仰有許多參考價值。

（四）王得祿相關研究

關於王得祿的相關史料記載中，陳漢光〈清代文獻中有關王得祿資料彙輯〉〔註 54〕列有清嘉慶五年李鼎元撰之〈使琉球記〉、《大清仁宗嘉慶皇帝實錄》、《清宣宗道光皇帝實錄》及《明清史料》戊編等，記錄王得祿擔任軍職之事略。陳漢光〈王得祿傳記及其他〉〔註 55〕收錄〈王得祿家譜〉、〈王得祿行述〉抄本一卷、《澎湖續編》中〈王得祿列傳〉、《清史稿》中〈王得祿列傳〉、《清史列傳》中〈王得祿列傳〉、《台灣通史》中〈王得祿列傳〉，大致上紀錄了王得祿提督一生的事蹟與偉業，對於本論文之背景資料蒐集有相當的幫助。

在當代，也有許多學者針對王得祿提督的崛起、軍事方面等做相關研究，如邱亦松〈清代軍事家王得祿研究〉〔註 56〕、王明燦〈王得祿崛起之探（1784～1788）〉〔註 57〕、蘇信維〈臺灣水師第一人——王得祿崛起〉〔註 58〕、陳支

〔註54〕陳漢光（1972），〈清代文獻中有關王得祿資料彙輯〉，《台灣文獻季刊》第 23 卷第 3 期，頁 100～118。

〔註55〕陳漢光（1972），〈王得祿傳記及其他〉，《台灣文獻季刊》第 23 卷第 4 期，頁 33～56。

〔註56〕邱奕松（2004），〈清代軍事家王得祿研究〉，《嘉義市文獻》第 10 卷，頁 17～52。

〔註57〕王明燦（2013），〈王得祿崛起之探（1784～1788）〉，《大同技術學院學報》第 20 期，頁 15～36。

〔註58〕蘇信維（2005）〈台灣水師第一人——王得祿崛起〉，《嘉義縣文獻》第 32 期，頁 172～191。

平〈從東洋文庫所藏閩省督撫將軍奏稿看王得祿事蹟〉〔註59〕、張建俅〈王得祿與清代海防的關係〉〔註60〕等相關論文，皆是以王得祿的崛起與軍事、戰略方面的傑出表現做論述，但對於王得祿與地方聯結的論述甚少。

而以傳說的角度來探討王得祿，如王明燦〈民間傳說認知的王得祿〉〔註61〕、〈文獻史料記載的王得祿：以其賜功榮賞與在鄉里活動為中心〉〔註62〕、張主恩〈「一日平海山」傳說初探——兼論王得祿、陳化成二人傳說的比較〉〔註63〕、黃哲永〈由傳說與文獻來看王得祿〉〔註64〕幾個篇章均以民間流傳的各種傳說來探討王得祿的形象，當中對於王得祿的形象描述可說是好壞參半，負面傳說認為王得祿出身低微，是螟蛉子、不良少年，王得祿之所以能顯貴是因為王氏父子不義取得的好風水，軍功則是僥倖取得，又以官爵的身分強佔居民田園土地，集榮華富貴於一身。正面肯定則認為命相不凡、大蟒轉世、枕山降神，王得祿在少年時經兄嫂鼓勵下決定從軍，取得功名。又受嘉慶君知遇之恩，平定林爽文、蔡牽等民變，另外，在民間信仰上則認為有王得祿出面才能平定笨港媽祖奉祀的糾紛，且協助地方修繕、建立許多廟宇並贈送匾額，對地方貢獻之大，故得到肯定，豐富了筆者對於王得祿的想像。

另外，也有從王得祿的宗教信仰方面來做論述之篇章，如邱奕松於〈王得祿之信仰、芳躅、軼事〉〔註65〕中探討王提督對於宗教上的信仰，以及他之芳躅，和逸聞軼事。對於本論文探討六興宮與王得祿之淵源的部分有所裨益。而顏尚文、潘是輝的〈王得祿的宗教信仰行蹟之研究〉〔註66〕以蒐集與

〔註59〕 陳支平（2005），〈從東洋文庫所藏閩省督撫將軍奏稿看王得祿事蹟〉，《嘉義研究——王得祿專輯》，嘉義縣：國立中正大學台灣人文研究中心，頁1～22。

〔註60〕 張建俅（2008），〈王得祿與清代海防的關係〉，《嘉義研究——王得祿專輯》，嘉義縣：國立中正大學臺灣人文研究中心，頁81～138。

〔註61〕 王明燦（2008），〈民間傳說認知的王得祿〉，《嘉義研究——王得祿專輯》，嘉義縣：國立中正大學臺灣人文研究中心，頁140～263。

〔註62〕 王明燦（2011），〈文獻史料記載的王得祿：以其賜功榮賞與在鄉里活動為中心〉，《大同技術學院學報》第19期，頁253～278。

〔註63〕 張主恩（2016），〈「一日平海山」傳說初探——兼述王得祿、陳畫成二人傳說的比較〉，《東華中國文學研究》第14期，頁89～107。

〔註64〕 黃哲永（1975），〈由傳說與文獻來看王得祿〉，《台灣風物》第25卷第1期，頁15～18。

〔註65〕 邱奕松（1993），〈王得祿之信仰、芳躅、軼事〉，《嘉義文獻》卷23，頁1～17。

〔註66〕 顏尚文、潘是輝（2008），〈王得祿的宗教信仰行蹟之研究〉，《嘉義研究——王得祿專輯》，嘉義縣：國立中正大學臺灣人文研究中心，頁23～80。

王得祿相關的碑碣、銘刻、匾額、對聯、檔案、筆記、寺廟志及地方志等資料，並逐一分析各資料再搭配王得祿一生的生平事蹟與時空背景，拼湊出其宗教信仰活動的行蹟。

綜上關於王得祿的相關研究文獻來看，學者們多以王提督生平的征戰事蹟、崛起與傳說面向來做探討，關於王提督與地方廟宇淵源的相關探討則較為缺乏，也因此筆者將在後文其中一節中探討王得祿提督與六興宮的關係，並希望能藉此發現是否會因王提督在地方上之威望而影響村中居民的信仰中心之轉移。

五、論文章節架構說明

本論文主要從「信仰中心轉移」的角度出發作思考，探討溪北庄的庄頭神玄天上帝與黑面三媽的關係，由史料中可得知玄天上帝為溪北庄此一聚落之庄頭神，然而，自王得祿將黑面三媽請回溪北庄並建廟供奉後，庄內的信仰中心似乎有從玄天上帝轉移至黑面三媽的情況出現，此問題意識為本文的探討核心。筆者以田野調查的方式，親自訪談報導人，希望能進一步釐清溪北庄的歷史、社會與信仰，以下將對於本論文所論述的五個章結作一個簡要的概述。

第壹章〈緒論〉筆者著重於說明本文的問題意識「該地信仰中心為何從玄天上帝轉移至黑面三媽」，之後便對該問題展開調查，除了回顧大量的前行研究與文獻史料外，筆者也親自到溪北庄中訪問報導人，透過文獻回顧與報導人的口述盼能逐步釐清溪北庄的歷史、社會與信仰脈絡。

第貳章〈溪北庄的聚落發展與庄神信仰〉著重的地方在於本庄的先民渡海來台到此地時的拓墾與發展的過程，筆者藉由文獻史料來了解溪北地區漢人移民的開墾情況，並透過田野調查的方式進一步蒐集資料。另外，在此章節中筆者亦探討「庄神之說」的起源，除了詳細記錄廟中的碑文、楹聯、沿革志與管理委員會成員姓名外，也積極地訪問報導人對於溪北庄「庄頭神」的了解情況並記錄，藉由史料與報導人口述資料的比對來分析溪北庄的「庄神之說」。

第參章〈六興宮的興起與變遷〉中著重於探討六興宮的建立沿革，筆者將針對該廟的沿革志與史料作一個基礎資料的蒐集，並以此為出發點來訪談報導人，詳細記錄報導人的口述資料，以探討為何會在六興宮出現後產生「信仰

中心轉移」的情況。此外，筆者亦探討六興宮的祀神情況，探討諸神祇供奉於廟中的緣由為何？最後筆者將針對溪北庄內的曲館與武館做詳細的探討，藉以釐清庄內居民如何透過參加陣頭來凝聚彼此間的情感關係。

第肆章〈現今溪北庄的信仰情況〉中筆者主要將會分成四個部份來作探討，首先會延續第二章「庄神之說」起源，更進一步的來探討在政治手段的操作下對民間信仰有何影響，以及王得祿如何透過其地位來影響溪北庄的信仰情況，還有當時台視為黑面三媽拍攝了「媽祖外傳」劇集後，透過媒體的傳播，對溪北庄產生了何種影響，接著將時間軸拉回現今，除了針對六興宮與外地廟宇的交流情況及對庄內的貢獻探討外，地方政治是否也對現今的信仰情況帶來相對的影響，此部分也將會做深入探討。另外也會對於民國 87 年（1998）庄民將玄天上帝請出六興宮，並另建鎮武宮祭祀的緣由，以及後來成立管理委員會的運作情況作深入探討。最後，筆者將記錄溪北庄內一整年的重要祭祀活動，藉以呈現溪北庄完整的信仰文化脈絡與情況。

第伍章〈結論〉中筆者將對於上述各章節中再次提出重點，歸納出庄頭神與庄頭間緊密的關係，以及從古至今的歷史脈絡與集體記憶如何影響該庄頭的信仰情況，以解釋現今庄內為何會呈現如此的信仰情況。並於附錄詳細記錄筆者親身訪問報導人的田野調查資料，為溪北庄留下珍貴的歷史口述記錄。

第貳章 溪北庄的聚落發展與庄神信仰

　　本章首要爬梳史料上牛稠溪流域的記載，探討該流域對於聚落的發展有何重要之處。第二、定錨找出溪北庄在牛稠溪流域中的位置，並探討該庄的聚落發展，第三、則會針對溪北庄「庄頭神」的信仰做背景爬梳，釐清玄天上帝對於該庄頭而言有什麼樣特殊的意涵。

一、史料上的牛稠溪流域

　　牛稠溪（朴子溪）流域根據水利署的水系資料顯示，朴子溪水系發源於嘉義東方阿里山山脈，主峰標高 1421 公尺四天王山芋菜坑，流域面積為 427.60 平方公里，幹流長度 60 公里。〔註1〕然而查詢日治兩萬分之一臺灣堡圖與兩萬五千分之一經建版地圖卻查不到「芋菜坑」的地名，源流一帶只有「竿蓁坑」地名，推測「竿蓁坑」可能誤植為「芋菜坑」。〔註2〕

　　從「竿蓁坑」這個地名也可以窺探當時來台先民的生活方式，竿蓁屬植物禾本科五節芒，在開拓前的荒地中長滿此種植物，因此台灣有許多地方均以此為地名，例如平溪的竿蓁坑、淡水的竿蓁林、雙溪的竿蓁坑、高雄岡山最早的舊地名義為竿蓁林街，以及嘉義的竿蓁坑（位於現今金獅村內）。

　　竿蓁這種植物因為隨處可得，因此許多先民在開拓時常以竿蓁混合土來蓋草屋，根據嘉義縣竹崎鄉金獅社區發展協會的記載：

〔註1〕水利署第五河川局〈朴子溪水系介紹〉https://www.wra05.gov.tw/cp.aspx?n=11443。最後查詢日 2021 年 5 月 20 日。

〔註2〕兩萬五千分之一經建版地圖 http://gissrv4.sinica.edu.tw/gis/chiayi_zh_TW.aspx#。最後查詢日 2021 年 5 月 20 日。

清乾隆三十年（1765 年）陳家之十六世組及毓公渡海來台，在廣植竿蓁（芒草）林地處搭建屋舍，並以垂手可得之竿蓁草稈編織在和著土、石灰裹成牆面，陳氏家園位於竿蓁林處自成一小聚落，因此取「竿蓁坑」為地名，隔著牛稠溪與文峰村遙遙相望。陳家之祖籍為廣東省潮州饒平（初居大埔，後遷至饒平）縣陳坑。竿蓁坑除一戶廖姓與六戶汪姓人家（包括十八礐仔）外，其餘都是陳姓居民。〔註3〕

從上述記載可以看到，「竿蓁」此種植物最早是被渡海來台的漢人當成建造草屋的材料，在當時新拓墾地區先民們為了要就近照顧所種植之農作物，因此便在旁建立草屋，久而久之，便成為散村聚落。

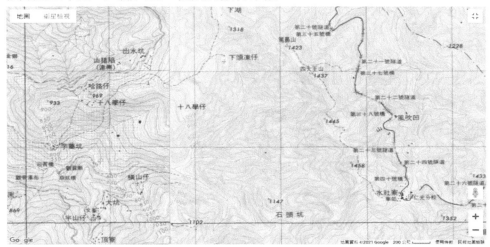

圖 2-1　竿蓁坑之地名〔註4〕

另外，當時來台漢人會使用竿蓁來建草屋還有另外一個原因，那便是當時台灣民變事件層出不窮，閩粵械鬥時經常出現攻燒事件，也就是互相攻擊聚落，並用火焚燒其房屋之惡習，「結黨成群，塞隘門，嚴竹圍，道路不通，紛紛搬遷。匪人即從此焚其盧舍，搶其家資；哭聲遍野，火光燭天；互相鬥殺，肝腦塗地。」〔註5〕而在房屋被燒毀後若需重建則需動大工程，也因此在動亂不斷的拓墾初期，選擇興建草屋或許是當時的應變之道，這也是當時為何許多

〔註 3〕嘉義縣竹崎鄉金獅社區發展協會 http://sixstar.moc.gov.tw/blog/goldlion/mapGuide
Action.do?method=doMapGuide。最後查詢日 2021 年 6 月 9 日。
〔註 4〕中央研究院台灣百年歷史地圖：兩萬五千分之一經建版地圖，最後查詢日：2021 年 2 月 25 日。
〔註 5〕施添福（1987），《清代在台漢人的祖籍分布和原鄉生活方式》，台北市：國立台灣師範大學地理學系，頁 68。

人興建草屋當成臨時住所的重要因素之一。

　　史料中最早對於牛稠溪流經區域有所描述的是 1685 年蔣毓英的《臺灣府志》。他描述牛稠溪：

　　　　一曰牛稠溪，自鹿子埔山西發源，西過覆鼎山南，又西過諸羅山之北、

　　　　打猫社之南，至南世竹，西入龜子港，同猴樹港而入於海。〔註6〕

蔣府志稱牛稠溪發源於鹿仔埔山，而鹿子埔山位於：「在打利山西，覆鼎山東」〔註7〕；覆鼎山位於：「在打貓社大五籠山西北。形如覆鼎，故名」。〔註8〕另外，蔣府志稱肚武膋山亦為牛稠溪源：「在諸羅山東北，阿里山社北界至此山止。八掌溪、牛稠溪、山疊溪皆自此山出」。〔註9〕肚武膋山應是因當年的豬母嘮社〔註10〕而得名，豬母嘮社為阿里山最早且最有勢力之社地，蔣毓英所稱之肚武膋山，應是當年有豬母嘮（肚武膋）社，漢人因而將該族群所居之社地（今番路庄）其附近山地稱之為肚武膋山（即豬母嘮山），此地為八掌溪、濁水溪（牛稠溪另一源流）之分水嶺。〔註11〕

　　接著，高拱乾（1694）《臺灣府志》〔註12〕、周元文（1712）《重修臺灣府志》〔註13〕、劉良璧（1741）《重修福建臺灣府志》〔註14〕、范咸等纂輯（1747）《重修臺灣府志》〔註15〕、余文儀（1764）《續修臺灣府志》〔註16〕諸志皆稱

〔註6〕　（清）蔣毓英纂修（1685）；黃美娥點校（2004），《臺灣府志》，台北市：文建會，卷二，頁 154。

〔註7〕　（清）蔣毓英纂修（1685）；黃美娥點校（2004），《臺灣府志》，台北市：文建會，卷二，頁 145。

〔註8〕　（清）蔣毓英纂修（1685）；黃美娥點校（2004），《臺灣府志》，卷二，頁 145。

〔註9〕　（清）蔣毓英纂修（1685）；黃美娥點校（2004），《臺灣府志》，卷二，頁 145。

〔註10〕　（清）黃叔璥撰（1987），《臺海使槎錄》，台北市：大通書局，卷六，頁 122：「阿里山乃總社名，內有大龜山之大龜佛社、霧山之千仔霧社、羅婆山之哤囉婆社、束髻山之沙米箕社、八童關之鹿篤社、溜藤山之阿拔泉社、朝天山之踏枋社、豬母嘮社（一作肚武膋），共八社；納餉者五社。

〔註11〕　黃阿有（2007），《日治前牛稠溪流域發展之研究》，國立成功大學歷史學系博士論文，台南市，頁 35。

〔註12〕　（清）高拱乾（1694），《臺灣府志》，台北市：臺銀經濟研究室。

〔註13〕　（清）周元文（1712），《重修臺灣府志》，台北市：臺銀經濟研究室。

〔註14〕　（清）劉良璧纂輯（1741）；楊永彬點校（2005），《重修福建臺灣府志》，台北市：文建會。

〔註15〕　（清）范咸等纂輯（1747）；陳偉志點校（2005），《重修臺灣府志》，台北市：文建會。

〔註16〕　（清）余文儀主修（1764）；黃美娥點校（2007），《續修臺灣府志》，台北市：文建會。

牛稠溪：「在縣治西五里。發源於大武巒山；歷大福興山，為龜仔港。又西至
猴樹港，南出青峰闕入海。」大武巒山：「在縣治後東南。人跡罕到。為邑主
山。」根據黃叔儆記載，於康熙六十一年在番界立石禁越界的大武巒埔位於嘉
義東堡樹頭埔庄（今嘉義縣中埔鄉）附近。[註17]

金鋐（1866）《康熙福建通志臺灣府》[註18]中對於牛稠溪的說明則與蔣
府志相同，應是取材自蔣毓英。

周鍾瑄在1717年《諸羅縣志》[註19]中對於牛稠溪的描述更為清楚，「牛
稠溪」寫為「牛朝溪」：

> 牛朝溪，發源於大武巒【邑主山】。出大福興、牛朝二山之北，為牛
> 朝溪渡【往北大路渡此；夏、秋水漲，小杉板頭船可入渡口載五穀】。
> 溪過北新【庄名】，至於小榔槺【庄名】，為龜仔港。又西至於猴樹
> 港【商船輳集，載五穀貨物】，南出青峰闕【縣治以南總海口，自蚊
> 港悉從此入。詳見下】，入於港。[註20]

牛稠溪發源於大武巒山，與上述諸志所述相同，但其更清楚的描述牛稠溪過
「北新庄」至「小榔槺庄」。這兩個庄頭均位於外九庄[註21]內，又西至「猴
樹港」南出「青峰闕」入於海。猴樹港地區往昔曾有「猴樹港街」，在外九庄
[註22]，余文儀在1764年《續修台灣府志》記載：「朴仔腳街（距縣四十里。
在大榔槺保。舊為猴樹港街，今更名。）」[註23]，猴樹港街、朴仔腳街均為
嘉義朴子市的舊地名，故可推測「猴樹港」大概位於今嘉義朴子市。

〔註17〕 王嵩山、江明輝、浦忠成（2001），《臺灣原住民史。鄒族史篇》，南投市：台
　　　　灣省文獻委員會，頁106。
〔註18〕 （清）金鋐主修（1866）；黃美娥點校（2004），《康熙福建通志臺灣府》，台北
　　　　市：文建會。
〔註19〕 （清）周鍾瑄主修（1717）；詹雅能點校（2005），《諸羅縣志》，台北市：文建
　　　　會。
〔註20〕 （清）周鍾瑄主修（1717）；詹雅能點校（2005），《諸羅縣志》，台北市：文建
　　　　會，頁83～84。
〔註21〕 （清）周鍾瑄主修（1717）；詹雅能點校（2005），《諸羅縣志》，台北市：文建
　　　　會，頁30：「外九莊（北新莊、大小榔槺莊、井水港莊、土獅仔莊、鹿仔草莊、
　　　　龜佛山莊、南勢竹莊、大坵田莊、龜仔港莊）。」
〔註22〕 （清）周鍾瑄主修（1717）；詹雅能點校（2005），《諸羅縣志》，台北市：文建
　　　　會，頁32：「笨港街（商買輳集，臺屬近海市鎮，此為最大）、土獅仔街、猴
　　　　樹港街、井水港街（俱屬外九庄）。」
〔註23〕 （清）余文儀主修（1764）；黃美娥點校（2007），《續修臺灣府志》，台北市：
　　　　文建會，頁191。

　　從上述可以看到，前人所撰寫的史料當中對於牛稠溪都有相當程度的記載，然而，溪北庄又位於牛稠溪流域中的哪個位置呢？以下將繼續探討。

二、溪北庄的地理位置與聚落發展

　　溪北庄因處於朴子溪之北濱而得名，現今在六腳鄉境以東河段，時人仍以牛朝溪或虞朝溪稱之，此一發源於阿里山脈西麓，隸屬竹崎後湖，海拔 1421 公尺的四大天王山芋菜坑（應為竿蓁坑）之溪河，流經嘉義東石，全長約 70 餘公里。據聞它是以數百年前為近出海口的主要聚落——牛稠仔本地所在而命名。〔註24〕

（一）地理位置

　　本庄地處牛稠溪堡一帶，成書於 1905 年《台灣土地慣行一斑》中對於牛稠溪堡的記載：

> 關於本堡之開墾。當初移民之富豪，稟請官府取得廣大地區之開墾權，分給眾佃墾闢，起源雖無記載，從毗連各堡狀況推估，大概是於康熙雍正年間。〔註25〕

牛稠溪堡一帶大約於康熙、雍正年間便始有先民進入開墾，但並無詳細記載牛稠溪堡的沿革，僅說明當時移民之富豪向官府秉請取得開墾權，再分配給眾佃農墾耕。

　　接著，根據 1905 年《台灣土地慣行一斑》〔註26〕記載，當時施琅在「台灣棄留疏」議時，搶先一步佔領大部分的土地，因此現今新港鄉內約有十一個庄頭曾屬施侯租田園（見表 2-1）所在。施侯租田園是施靖海侯以其勳業，使在臺之閩屬分墾，而由此徵收大租，以永久業主靖海侯施之名管理之。〔註27〕溪北庄便是其中一個庄頭。

〔註24〕　《溪北鎮武宮沿革簡介》，溪北鎮武宮管理委員會，頁 15。

〔註25〕　（日）臨時台灣土地調查局（1905），《台灣土地慣行一斑》，台北市：南天書局有限公司，頁 110。

〔註26〕　（日）臨時台灣土地調查局（1905），《台灣土地慣行一斑》，台北市：南天書局有限公司。

〔註27〕　臺南縣文獻委員會（1954），〈施侯租田園〉，臺南縣：《南瀛文獻》第二卷第一期第二期，頁 43。

表 2-1　施侯租分布〔註28〕

廳　名	堡　名	庄　名
鹽水港廳	漚汪堡	將軍庄、巷口庄
	學甲堡	中洲庄、溪底寮庄、北門嶼庄、蚵寮庄、學甲庄
嘉義廳	打貓西堡	舊南港庄、埤頭庄
	牛稠溪堡	番婆庄、菜公厝庄、月眉潭庄、潭仔墘庄、中洋仔庄、三間厝庄、大客庄、大崙庄、溪北庄
鳳山廳	觀音中里	大社庄、保舍甲庄、楠梓坑庄、土庫庄、林仔邊庄、三奶壇庄
	半屏里	後勁庄、八封寮庄、右冲庄、大灣庄
	大竹里	籬仔內庄
	興隆內里	覆鼎金庄
	興隆外里	左營庄
	小竹上里	翁公圓庄、山子頂庄
	仁壽上里	漯底庄、港口崙庄、白米庄、梓官庄、大舍甲庄、蚵仔寮庄、茄苳坑庄、街尾崙庄、後協庄、塩塪庄、彌陀港庄、海尾庄、舊港口庄、石螺潭庄、阿公店街、前峰庄、赤崁庄
	仁壽下里	下塩田庄
	觀音下里	灣仔內庄、赤山仔庄、仁武里庄、竹仔門庄、新庄

　　從上述整理的表格可以發現，當時的施侯田園租所涵蓋的範圍相當廣泛，當初設施公租管十處，至管事分掌收租，經縣府省送致京，師交納施琅後裔之世襲業主。及道光年間，業主杜賣其六處租館所屬之管業，剩餘四處，又至日本據台時，日本政府以施家不是日本國民，故沒收其大租編入官租，〔註29〕從此由施侯租轉變成日本政府官租。

　　伊能嘉矩1909年《台灣地名辭書》對於牛稠溪堡的記載：

　　　　牛稠溪中游南北兩岸一區，清雍正十二年（1734年）建立一堡。關

　　　　於本堡沿革，文書無所徵考。〔註30〕

────────────────

〔註28〕整理自臺南縣文獻委員會（1954），〈施侯租田園〉，臺南縣：《南瀛文獻》第二卷第一期第二期，頁43。

〔註29〕臺南縣文獻委員會（1954），〈施侯租田園〉，臺南縣：《南瀛文獻》第二卷第一期第二期，頁43。

〔註30〕（日）伊能嘉矩著（1909）；吳密察譯；翁佳音審訂（2021），《伊能嘉矩台灣地名辭書》，新北市：遠足文化事業股份有限公司，頁313。

伊能嘉矩記載牛稠溪堡位於牛稠溪中游南北兩岸之處，於清雍正十二年（1734）建立。然而，關於牛稠溪堡的相關沿革仍無紀錄。

宋增璋 2000 年《台灣撫墾志》中對於牛稠溪堡的記載：

> （七）牛稠溪堡：今嘉義縣新港鄉之一部。清雍正十二年，立為一
> 堡，因為於牛稠溪中流知南北兩岸，故名為牛稠溪堡。本堡之開拓，
> 在康熙、雍正之間，移民之富豪者，向官府稟請，取得大地區之開
> 墾權，然後分配眾佃墾耕，毗連各堡之情形，類皆如此。〔註31〕

宋增璋對於牛稠溪堡的記載大致上與前述史料相同，但更清楚的說明牛稠溪堡是位於現今嘉義縣新港鄉的一部，更加確定牛稠溪堡的位置。

施添福在 2008 年《臺灣地名辭書，卷八，嘉義縣》記載：

> 溪北村全村面積約為 4.3772 平方公里，民國 94 年底，總人口數有
> 1,812 人。本村在日治時代，原屬溪北大字〔註32〕；民國時代，改為
> 溪北村。此區於康熙末年～雍正初年時，由官莊招佃開墾。清道光 6
> 年（1826），此聚落已建有寺廟（相良吉哉，1933，117）。日治初期
> 明治 29 年（1896）時，此地已有 202 戶，人數為 696 人（土屋重雄，
> 1867：229）；日治末年，有 239 戶，係以李、吳兩性為主之大型雜姓
> 村。清咸豐 7 年（1857），內部社會組織分成四個空間單位，故有四
> 個角頭，耆老分別為：頭厝角王卻、二厝角吳玉、吳蔭、三厝角蔡計、
> 林得性、尾厝角張香、吳安（梁志輝，1995：108～109）。日治時代
> 溪北庄隸屬月眉潭派出所管轄下，因戶籍人數多乃以六興宮為中心，
> 區分成兩個保（七保、八保），原本聚落內部的四個空間，便被整合
> 成兩個；故目前其內部僅剩兩個小地名：頭厝、尾厝。〔註33〕

由該段記載可以更清楚的看到溪北庄的開發歷程，溪北庄開發甚早，遠在康熙末年至雍正初年間便由官莊招佃至此區開墾，有關寺廟的記載僅說明清道光六年（1826）時已建有六興宮，並未記載到當時的庄頭廟「上帝爺廟」，在日治時期隸屬月眉潭派出所管轄，因戶籍人數眾多故以六興宮為中心點分成七保、八保，可見當時溪北庄是個大聚落。另外，表 2-2 的整理亦可以清楚的看到溪北庄所屬的行政區域沿革。

〔註31〕宋增璋（2000），《台灣撫墾志》，臺中市：台灣省文獻委員會，頁 150～151。
〔註32〕在日治時期日本人將實地下的行政單位「庄」，都改成「大字」。
〔註33〕施添福（2008），《臺灣地名辭書，卷八：嘉義縣》，國史館臺灣文獻館，頁 328。

表 2-2　溪北行政區域沿革表〔註34〕

時　間	行政區域
明鄭時期（1661～1664）	東都承天府天興縣
明鄭時期（1664～1683）	東寧承天府天興州
清康熙二十二年至乾隆二十九年（1683～1764）	臺灣府諸羅縣
清雍正十二年至乾隆五十二年（1734～1787）	臺灣府諸羅縣牛稠溪堡溪北庄
清乾隆五十二年至光緒十三年（1787～1887）	臺灣府嘉義縣牛稠溪堡溪北庄
清光緒十三年至二十一年（1887～1895）	臺南府嘉義縣牛稠溪堡溪北庄
明治二十八年至三十四年（1895～1901）	臺南縣牛稠溪堡溪北庄
明治三十四年至大正九年（1901～1920）	嘉義廳牛稠溪堡溪北庄
大正九年至昭和廿年（1920～1945）	臺南州嘉義郡新巷庄
民國三十四年（1945）	嘉義縣新港鄉溪北村

　　接著，從王得祿提督將他的公館設於此處可看出該地區的特殊地理位置。溪北提督公館的地理位置，東距諸羅城約十公里，南距溝尾太保庄王得祿祖宅約三公里，西南之朴子約七公里，正北距笨新南港六公里，西北距笨北港六公里東之民雄打貓約八公里，在這古稱笨港外九庄地域地帶，剛好位其中。〔註35〕另外，根據王振坤訪談王得祿五世孫王宇宙公言：提督當年選擇此處，實有一意含，即「就山」可取採伐修造水師船用的木材，「落海」則布袋東石沿海有漁鹽之利，南北二路出入方便，山海戰略物資豐沛、地點適中，又本地平原廣垠，稻米、蔗糖、雜糧（花生、胡麻、甘藷、玉米）、蔬菜等物產頗豐，實為民生軍需後勤物資，不虞匱乏之地。〔註36〕

　　溪北地區在地理位置上雖不是屬於交通要塞，但位處古笨港外九庄地區，南北二路出入方便。另一方面，也因為溪北周遭的土地是肥沃的砂質壤土，可引牛稠溪水灌溉，農作物生長得很好，收成總是不錯。日治時期，八田與一興建烏山頭水庫，以及嘉南大圳，這一巨大工程在 1930 年五月間興建完成。讓

〔註34〕參考《諸羅縣志》、《重修台灣省通志》、《嘉義縣志》、《臺灣撫墾志　上冊》、《台灣縣志》、《依能嘉矩臺灣地名辭書》、《臺閩地區第三級古蹟嘉義縣六興宮調查研究及修復計畫》所製。

〔註35〕王振坤（2018），《由笨港外九庄探討王得祿提督──兼述笨港三大媽祖廟的興建淵源》，國立台南大學文化與自然資源學系臺灣文化碩士班碩士論文，頁22。

〔註36〕王振坤（2018），《由笨港外九庄探討王得祿提督──兼述笨港三大媽祖廟的興建淵源》，國立台南大學文化與自然資源學系臺灣文化碩士班碩士論文，頁22。

溪北前有溪，後有圳，形成一個獨一無二的ㄇ字型聚落。〔註37〕種種因素彰顯出該庄頭的重要性與其特別之處。

（二）聚落發展

現今在溪北庄內許多的小地名均記錄著當時庄內發展的過程，透過這些地名可以更加清楚的了解該聚落的發展情況，以下根據《台灣地名辭書　卷八：嘉義縣》、《溪北田水》、《從小地名來尋找溪北村歷史容顏》與筆者親自田野調查所得之資料來詳細的敘述各地名的沿革，以更進一步的梳理溪北庄發展的脈絡。

1. 頭厝

早期大陸移民來台漢人，對於聚落命名常以方位加於地形、地物前，以簡易區分，溪北村因人口眾多，大致以六興宮為劃分界線，廟以東的地區，日治時期溪北村的七保，當時的保正為蔣乾，因在庄頭，故稱為「頭厝」。根據李姓家族所保存，隸書於道光拾貳年（1832）三月的古地契，上記載：「立典地契人潘待，有承祖父開墾厝地壹所，另抽出東勢壹角併帶竹四叢，坐落土名『頭厝』東至車路為界。西至界地為界，南至東路為界，北至李家厝為界，四至明白為界。」〔註38〕可見「頭厝」地名與其範圍。

2. 尾厝

此區為在六興宮以西地區，日治時期溪北村的八保，當時的保正為吳芋，因在庄尾，故稱「尾厝」。從咸豐柒年（1857）五月的溪北庄「聯防庄約」上的記載：「同立聯約字人虞朝溪保溪北庄董事許開基，□□□□□□頭厝角庄耆王卻，貳厝角莊玉、吳蔭，三厝角宅□□蔡計，林得性，尾厝角張香、吳安等為□身聯約以睦閭。」也可看見「頭厝」、「尾厝」之地名。

3. 街仔尾

「街仔尾」位於「公館」〔註39〕南邊，「頭厝路」李姓人家往東一帶。昔日是一條街，有布店、雜貨店、米店、藥鋪、油車店等，故稱「街仔尾」。王提督公館以前是向東的，是庄內通往公館的道路，昔日之風華應可想而知。街

〔註37〕李明亭、李麗真（2015），〈從凋敝到復興卻可預期困境的一個農村新港鄉溪北村〉，《嘉義研究》第十二期，頁3。

〔註38〕李麗真（2003），《從小地名尋找溪北村歷史容顏》，中央研究為歷史語言研究所「台灣省村里以下地名普查」，未出版，頁10。

〔註39〕此處的「公館」是指「王得祿公館」。

仔尾盡頭前不遠的「岸頭」曾是「馬墓」（王公館葬馬之處）。而現今「街仔尾」已無跡可尋，在其盡頭處是「東營」（五營之一，俗稱營寮仔公）。

4. 廊內

位於溪北尾厝西南方，靠近牛稠溪之處，係林姓家族居住區。昔日以牛隻帶動石磨壓榨甘蔗製糖的場所，稱為糖廊。林姓先祖林天送在牛稠溪邊低窪地，以竹籬笆圍成果園，種植水果。當時溪北庄人稱「下宅仔」。此外兼營小糖廊，利用水牛拖動「土人」（木製齒輪大圓盤），轉動「大石輪」壓榨甘蔗，製造赤砂糖、黑糖。因而稱此處「廊內」。今林姓住宅厝角，還遺留有石磨、石盆等昔日製糖器具。

5. 鹿仔草

位於溪北頭厝路與新路交叉角落的吳姓家族小聚落，吳姓先祖吳禪原籍六角溪墘厝，入贅侯家後育有四子，由於侯家並未將家產田地分給吳禪，僅靠零散的零工為主生活十分困苦，遂前往鹿草謀生。日治時期溪北庄種植大面積原料甘蔗，需要大量勞工，吳家於民國二十年左右遷入溪北庄，初到之際，僅搭三間茅屋，若是下雨地面積水需蹲在椅子上吃飯，相當困苦。四兄弟胼手胝足從事各種農稼工作，方使全家得有一棲身之所。因其係由鹿草（舊稱鹿仔草）移入，故稱其居住地為「鹿仔草」。

6. 巷仔口

「巷仔口」位於溪北村西南邊，從「尾厝路」經南瀛將軍通往「下鹿窟仔」的巷道。巷仔口黃姓住家其厝角邊，豎立著一根日治時期的花崗石柱，四面上各書「總督府　大正十四年　三角點　BM14」。

7. 萬年公廟

萬年公廟位於第六公墓，是安置無主骨骸的場所，奉祀萬善公。每年農曆八月十六日，均由福德宮副爐主收取丁錢，演野台戲謝神。

8. 崩溝

月眉潭大排水溝溪北段，崩溝分為「舊崩溝」與「新崩溝」。舊崩溝為月眉潭在雨季宣洩時，從潭尾經樟寮廊，在「三叉港」注入溝渠。日治時期為解決月眉潭、溪北、安和三庄水患，而將舊崩溝疏浚加深。民國五十六年，溪北農地重劃，將舊崩溝截彎取直稱「新崩溝」，水稻從潭尾經溪北、安和在蒜頭注入朴子溪。由於崩溝屬曲流河道地形，侵蝕、堆積作用旺盛，加上土堤結構

更易潰決坍塌，故有「崩溝」之名。

9. 閹豬厝

聚落地名遺址，根據溪北村耆老王瑞宗口述幼年時曾親睹，閹豬厝附近的萬善堂，供桌有拜壺及牲畜遺骨，或有可能為平埔族後裔族居住地。疑為平埔族聚落。前清朝秀才林維朝在光緒二十一年（1895）「勞生略歷」曾記載：「往閹豬厝庄林漢之家，蓋以邑處荒僻小村潛匿較妥」（蓋因當時割讓日本，局勢混亂在「走番仔反」下，林維朝曾避居閹豬厝）而明治三十四年（1901）根據台南縣內務部所做「台南縣地方事項要覽」調查，「閹豬厝庄」尚有十三戶三十人家。明治三十七年（1904）臨時土地調查局所策繪的「台灣堡圖」，還繪有「閹豬厝庄」（如圖 2-2 所示）。至大正十五年（1926）由「大日本帝國陸地測量部」所繪製之「台灣地形圖」中「閹豬厝庄」已消失於無形。關於「閹豬厝庄」之散庄眾說紛紜，唯一可以確定的是散庄後的「閹豬厝庄」，有許多後裔遷入溪北村，如尾厝王進添、蔣火祥、楊進文等家族。

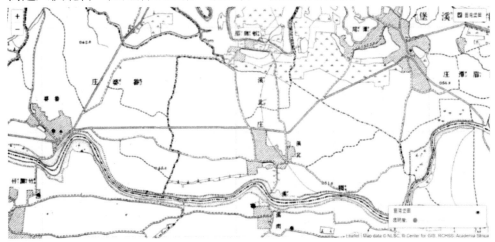

圖 2-2　台灣堡圖上的溪北庄、閹豬厝庄〔註40〕

10. 後厝仔

「後厝仔」聚落遺址位於崩溝南邊，為六興宮巡庄繞境「下六庄」（月眉、月潭、番婆、溪北、後庄、後厝仔）之一。日治前即已散庄（散庄原因相傳為鼠疫），因而留下一俗諺：「後厝仔請媽祖——免還」。後厝仔線遺址為田野，遺址上有顆百年老榕樹。

〔註40〕中央研究院台灣百年歷史地圖：台灣堡圖相關圖層 http://gissrv4.sinica.edu.tw/ gis/twhgis.aspx，最後查詢日：2021 年 3 月 16 日。

圖 2-3　溪北村小地名簡介 〔註41〕

　　綜合上述的記載得知，溪北庄位於牛稠溪堡內，今日嘉義縣新港鄉一帶，
約莫於康熙末年至雍正初年間便有先民至此地開墾，牛稠溪堡則建立於清雍
正十二年（1734），顯現出此地區開發甚早，曾是施侯田園租的所在地，王得
祿也將其公館建立於此。另外，地名沿革的記載也顯示出該聚落曾發展繁榮
且居民人口眾多。接著，筆者將於下一個小節探討溪北庄這樣一個大聚落的
庄頭神——玄天上帝是從何時開始傳入該庄頭，並發展成當時庄內的信仰中
心。

〔註41〕李明棟，《溪北田水——嘉義縣新港鄉溪北社區——紀事探源》，嘉義縣新港
　　　　鄉溪北社區發展協會，2011 年 1 月，頁 36。

三、溪北庄的「庄神之說」起源

在台灣早期的發展脈絡中，可以看見地方社會的發展與信仰具有密切的關連性，明鄭時期（1662～1683），隨著鄭成功軍隊來台開墾的先民成為台灣第一批移民。在當時，渡海來台充滿了許多不確定的因素與危險，為了祈求能夠順利抵達台灣，先民們往往會帶著原祖籍所信奉的神明一同前來，溪北的庄頭神——玄天上帝據傳也是自此時傳入。

玄天上帝信仰在台灣流傳最早可以追溯到明鄭時期由鄭氏所傳入，當時的鄭氏政權因為「奉明正朔」而獨崇玄天上帝信仰，以表明對於明朝的忠心以及反清復明的決心，也因為此政治因素讓玄天上帝信仰在台灣快速的蓬勃發展。

溪北庄的玄天上帝信仰溯源，根據相良吉哉於 1933 年《台南州寺廟名鑑》中記載上帝爺廟：

> 沿革＝創立緣起等一切不明，然於明治 39 年之震災後倒饋，村中仕紳李烏沙、李匏、黃宗張和楊古等人發起對庄民募集金元一百圓，並於明治 42 年現廟宇原地改築建。〔註42〕

另外，《台南州寺廟名鑑》中也有記載上帝爺會組織的情形：

> 同地住民的祖先來台時，奉時來台由信者（弟子）十七名發起組上帝爺會祭拜上帝爺，後來信者增加而建廟奉祀祭拜，由當初發起，團體依然維持祭拜，所屬財產旱田二甲○分二厘○系，年收入約四十圓也維持。〔註43〕

綜合上述兩段記載得知，溪北庄的玄天上帝信仰源流是由當時來台開墾之先民所傳入，剛開始是由十七名信徒所組成的上帝爺會來祭拜上帝爺，直至後來信徒增加而建上帝爺廟奉祀，而原上帝爺會仍維持祭拜。當中說明上帝爺廟所建立的源起不明，僅知在明治 39 年（1906）時因地震將上帝爺廟震倒，後來由村中士紳李烏沙等人發起募集，並於明治 42 年（1909）重建上帝爺廟。根據筆者親自田野調查得知，當時的上帝爺廟應建於於現今溪北村 65 號；六興宮附近之處。

除了上帝爺會外，也有太子爺會的組織記載：

〔註42〕（日）相良吉哉（1933），《台南州寺廟名鑑》，臺灣日日新報台南支局出版，頁 177。

〔註43〕（日）相良吉哉（1933），《台南州寺廟名鑑》，臺灣日日新報台南支局出版，頁 374。

庄內上帝爺廟內所奉祀的太子爺信仰為林吉等的祖先發起創立，然
而其發起年代不明。〔註44〕

當時庄內的上帝爺廟中除了供奉上帝爺外，也有供奉太子爺，並成立太子爺會
來處理太子爺的一切相關事務。

接著，根據2005年發行的《溪北鎮武宮沿革簡介》所言：

西元1661永曆15年，鄭成功率施入台，乃延續中原典祀，廣建真
武廟為東寧鯤島之鎮。於是兵屯所在，民墾所至，均分傳香火或建
廟祀之，以安社稷，以護民主。牛稠溪溪北之有玄天上帝信仰，可
謂此其始也。至於，香火何人傳入？草庵始建何址？維時初闢，史
冊無載也。然證今沿存信仰和耆老脈傳，可之玄天上帝金尊乃是溪
北開庄之神也。〔註45〕

該段簡介提及溪北庄的玄天上帝信仰約莫於明鄭時期所傳入，然則關於香火
為何人傳入、草庵為何時所建卻無相關資料，故筆者對於玄天上帝信仰傳入溪
北庄的時間點仍有所存疑。然因年代久遠且無資料可考，故無法證實確切時
間，透過庄內耆老口述與信仰情況僅能證實玄天上帝為本庄的開庄之神。

鎮武宮殿內的石碑上也有記載本村玄天上帝的源流：

本宮玄天上帝是同地住民的祖先來台時，奉時來台由信者（弟子）
十七名發起組上帝爺會祭拜上帝爺，後來信者增加而建廟奉祀祭拜，
由當初發起，團體依然維持祭拜，所屬財產旱田二甲〇分二厘〇系，
年收入約四十圓也維持。

原爐主：新巷溪北庄　蔣筠

管理人：新巷溪北庄　嚴安全、李匏、李烏沙、楊古、黃宗張〔註46〕

該段記載比沿革簡介更加清楚說明當時玄天上帝是由同地住民的祖先渡海來
台時所奉請過來的，當時的信徒約莫有十七名左右，一開始是以上帝爺會的形
式來祭祀，直至後來因信徒增加而建廟奉祀。然則，在此仍未提及玄天上帝是
何時所傳入溪北庄，又是何時建上帝爺廟。

筆者根據上述所記載之史料進行田野調查，訪談到王瑞戊，他說明：

〔註44〕（日）相良吉哉（1933），《台南州寺廟名鑑》，臺灣日日新報台南支局出版，
頁374。

〔註45〕王振坤（2005），《溪北鎮武宮沿革簡介》，溪北鎮武宮管理委員會發行，頁
20。

〔註46〕鎮武宮殿內石碑。

彼尊上帝公聽一個捌來看過的教授說應該是咱溪北的開庄祖先佇嘉
慶年間對大陸偝過來的，已經有一百九十幾年的歷史，這馬踮佇鎮
武宮內底，有用一個玻璃盒仔共伊裝起來，怕去予風化去。〔註47〕

另外，江明煌也說明：

彼尊上帝公就是咱庄的先民所偝過來的彼尊，這馬用玻璃盒仔裝
起來，驚伊會風化去，捌有一個教授來看過彼尊，聽彼個教授說這
尊應該是嘉慶年間來矣，毋過無法度幫伊開一個證明，因為上帝公
的喙鬚敢若有予改裝過，較早的人毋捌所以有動過，驚開證明會有
疑慮，但是會當確定這尊應該有一百九十幾年的歷史。〔註48〕

根據報導人所述，溪北庄最早的一尊玄天上帝是約莫在嘉慶年間由先民自原
鄉所帶來，然則，若根據溪北庄的開發史記載，該地區約在康熙雍正年間所開
墾，比較後發現玄天上帝來到此地的時間與先民來到溪北開墾的時間有所出
入，故對於開基玄天上帝來到溪北庄的時間仍存有疑慮，但因無證據可考，故
無從得知，僅能確定的是玄天上帝為溪北庄第一個信仰，在當時也有成立上帝
爺廟祭祀。

　　由史料記載與訪談人口述可得知，上帝爺廟為當時庄內的首座公廟，筆者
認為可將其視為溪北庄的信仰中心。在此筆者將借用孔恩（Thomas S. Kuhn）
所提出的「典範」理論來解釋「信仰中心」的概念。「典範」所指涉的是：「它
們的成就實屬空前，因此能吸引一群死忠的追隨者，放棄科學研究的敵對模
式。同時，那個成就留下了足夠空間供人揮灑，有各種問題讓重新定義過的團
體來解決。」〔註49〕若將該理論套用於本研究上，可以發現上帝爺廟於當時儼
然是該庄頭的信仰「典範」。玄天上帝信仰自先民的原鄉所帶過來，當時這批
先民一同至溪北庄來開墾，因來到異地，在心境上難免會有所不安，此時玄天
上帝的存在便成為全庄人的心靈寄託，加上在溪北庄開庄之初，除玄天上帝外
並無供奉其他神祇，自然玄天上帝便成為該聚落居民共同信仰的神祇，最初成
立上帝爺會的組織來祭祀玄天上帝，後來信徒增加故建立草庵來祭祀，更加可
以確定其為溪北庄開庄之神的事實。

〔註47〕參見附錄三　王瑞戊田野調查報告。
〔註48〕參見附錄四　江明煌田野調查報告。
〔註49〕孔恩 Thomas S. Kuhn 著；程樹德、傅大偉、王道還譯（2017），《科學革命的
　　　　結構》，台北市：遠流，頁22。

四、小結

　　綜上所述，首先可以看到溪北庄位於牛稠溪流域中心點的特殊地理位置，當時溪北庄開發甚早，從地名沿革可窺探當時溪北庄開發的情形。而這些來台開墾的先民們為了祈求一路上能夠平安，因此攜帶了原祖籍信仰一起來到台灣，溪北庄的玄天上帝信仰根據推測大約是從此時開始傳入的。然而，在當時是由何人傳入？何時傳入？根據史料所記載以及報導者的訊息仍無從推斷，不過可以確定的一點是：「當時溪北庄信仰玄天上帝的人數眾多，不僅有神明會等組織來管理上帝公的一切事務，也有建廟祭祀」。溪北庄民當時會將玄天上帝視為開庄之神，很重要的一點是祂身為當時庄內唯一的信仰，自然成為所有庄民的心靈寄託所在，全庄的人都相信透過他的神力可以保佑所有的庄民開墾順利，並度過許多難關，也因此在庄民心中奠定了其特殊地位。

　　誠如筆者所提出的，上帝爺廟在當時可說是溪北庄的信仰「典範」，但在往後的發展卻有「典範轉移」的情況，為何會有這樣的情形發生呢？在信仰中心轉移後對庄內居民有何影響？接下來將針對溪北庄的另一間公廟「六興宮」的興起原因作探討，試圖釐清黑面三媽與玄天上帝信仰的關係，何以而導致往後溪北庄信仰情況有所改變。

第參章　六興宮的興起與變遷

　　第參章的前半部主要是探討六興宮與王得祿提督的淵源，試圖分析王提督之於六興宮的特殊歷史意義，接著論述該廟宇如何從家廟式管理演變成後來的管理委員會模式經營、六興宮中的祀神又是因為何種原因而一同被供奉於廟中，後半部則會探討溪北庄的曲館與武館之成立緣由以及在庄內的重要祭祀活動當中又扮演著什麼樣的角色，傳統民俗技藝之於庄頭有著什麼樣的文化意涵。

　　本章主要分成四小節來作探討，一、論述黑面三媽是從何時被請至溪北庄供奉，而三媽廟又是如何從王提督的家廟演變成現今所看到的公廟，甚至成為牛稠溪堡下六庄祭祀圈的最大境廟。二、探討六興宮的管理委員會之組成。三、探討六興宮的經營情形及祀神。四、探討溪北庄的曲館與武館成立緣由及後來的發展情況。

一、黑面三媽與溪北庄

　　黑面三媽在溪北庄的歷史十分悠久，自道光六年（1826）便建有六興宮來供奉黑面三媽，三媽與王得祿的關係亦十分緊密，根據史料記載笨港三大媽祖是由王得祿自中國湄洲祖廟請回台灣供奉，黑面三媽便是其中一尊。然而，黑面三媽是如何從家廟祭祀發展成現今的公廟祭祀，筆者在此將分（一）王得祿家廟時期、（二）王貫時期、（三）管理委員會時期。這三個時期來做詳細的探究，呈現出六興宮發展的脈絡。

（一）王得祿家廟時期

　　根據 1933 年相良吉哉《台南州寺廟名鑑》所記載的六興宮：

> 沿革＝道光六年王得祿聯合六部落之人民迎請新巷的黑面三媽來溪
> 北庄並建廟奉祀，明治三十九年的震災使廟宇倒壞，庄民李烏沙、
> 楊古、王振良、王振德等人發起寄付募集，於明治四十五年著手再
> 興廟宇事宜，進行數十年後逐漸完成。〔註1〕

從相良吉哉的記載可以看到，在道光六年（1826）時王得祿與六庄頭居民聯合興建六興宮來奉祀黑面三媽，然而，六興宮於明治三十九年（1906）時因地震而損壞，由庄內仕紳發起寄付募集的活動來籌措經費以重建六興宮，後來自明治四十五年（1912）開始著手重建，經歷數十年後才重現完成於現址。

王振坤 2000 年《溪北六興宮正三媽廟沿革》所記載：

> 道光六年（一八二六年），王提督病情已痊癒，六神再興。適嘉義、
> 彰化一代匪徒滋事，王大人素食捐資募兵赴嘉義等地協剿，擒獲匪
> 犯，地方以安。多年宿疾，今已安癒；病後首次出征又大獲全勝，
> 一切的一切王大人深感冥冥之中似有「三媽」神靈在旁助佑，於是
> 在府宅左側與島上人士創建宮廟，名為「六興宮」，以示對正三媽的
> 尊崇和感恩，並保佑六境和興，六穀興農，六畜興旺。當然，也期
> 望「道光『六』年所創建的正三媽廟能大『興』香火」！〔註2〕

王得祿於道光六年（1826）時遇上彰化、嘉義一帶匪徒滋事，為了保衛家園於是迅速起兵準備征討匪徒，而在過程中十分順利，其認為在冥冥之中感覺三媽在旁庇佑，因此為了感謝三媽，便聯合六個庄頭的人士一同於王公館左側興建六興宮來供奉黑面三媽，也因此當時黑面三媽被稱為是「提督府媽祖」。

然而，王得祿會創建溪北六興宮還有其他重要的原因，除了上述所提及的為了感謝三媽在征戰時的庇佑外，也與道光四年（1824）所頒布的〈禁止百姓越境進香活動〉及北港、新港爭搶供奉媽祖金身有莫大的關係。

嘉慶十八年（1813）發生天理教起事，和八卦教起事以來，江蘇之矛山，每年春秋二季，四方進香男婦動以萬計。鄰近江西、安徽、浙江等省人民，亦聯翩踵至。〔註3〕道光四年（1824），一些從直隸、河南和山東到北京的進香客

〔註1〕（日）相良吉哉（1933），《台南州寺廟名鑑》，臺灣日日新報台南支局出版，
　　　　頁177。
〔註2〕王振坤（2000），〈溪北六興宮正三媽廟沿革〉，嘉義縣：《新港～微笑的故鄉》，
　　　　頁13。
〔註3〕蕭公權（2014），《中國鄉村——論19世紀的帝國控制》，台北市：聯經，頁271
　　　　～272。

被逮捕，並遭官府指控從事可疑運動。10 年後，道光十四年（1834）又逮捕一次，故道光四年和道光十四年的兩道上諭，正式宣布「越境進香」是違法的。〔註4〕道光四年與道光十四年禁止百姓越境進香活動的諭令，亦間接促成道光六年牛稠溪堡興建六興宮，和道光十七年（1837）大榔椰東堡捐修朝天宮的遠因。〔註5〕

另外，在嘉慶二年（1797）因笨港溪汙水氾濫，笨港街、天后宮橫遭洪水侵襲而被沖毀。原奉祀在笨港天后宮的三尊媽祖神像，乃暫時寄祀在麻園寮（後改成笨新南港，即今新港）土地公廟肇慶堂。其後王得祿提倡新建宮廟於笨新南港街，至嘉慶十六年（1811）新廟落成，取名為「奉天宮」，原笨港天后宮的三尊媽祖神像乃奉祀於奉天宮。〔註6〕

道光六年（1826）新港奉天宮與北港朝天宮因爭相奉祀「三媽」，後經王得祿出面調解，大媽奉祀於新港奉天宮、二媽分祀於北港朝天宮，三媽則由王得祿請回溪北公館作客。其後王得祿在溪北公館（位今嘉義縣新港鄉溪北村三號之一）左側創建六興宮以奉祀三媽神像，期許廟宇所在的溪北及鄰近月眉、月潭、安和、後厝仔、六斗仔等六個村庄興盛，故以「六興宮」作為廟名，以庇佑六境平安合興。六興宮因位於溪北，且供奉三媽神像，所以當地也習稱「溪北六興宮正三媽廟」。從六興宮的命名可以看到，其命名緣由與台灣各地的其他媽祖廟最為不同的是該廟宇是由王得祿提督親自命名，「六興」是為了保佑當時一同興建媽祖廟的六個庄頭能夠六畜興旺、六穀興農、六境和興，也盼望在道光「六」年（1826）所興建的正三媽廟能大「興」香火。正是因為王得祿提督對「正三媽」的推崇，為六興宮在全台眾多媽祖廟當中奠定了特殊的歷史地位，此處可窺探出該廟宇對於溪北庄日後的信仰發展產生了重大的影響。

從上述得知，在道光六年（1826）時庄內除了原上帝爺廟供奉玄天上帝外，王得祿也興建了六興宮來供奉黑面三媽，興建緣由是認為當時他在彰化、嘉義一帶剿除匪徒過程中十分順利，似乎能感受到三媽在一旁默默庇佑，在此段敘述中，王得祿認為媽祖在其遇到難關時展現神力幫助度過難關，為了感謝媽祖

〔註4〕蕭公權（2014），《中國鄉村──論 19 世紀的帝國控制》，頁 271～272。

〔註5〕王振坤（2018），《由笨港外九庄探討王得祿提督──兼述笨港三大媽祖廟的興建淵源》，國立台南大學文化與自然資源學系台灣文化碩士論文，台南市，頁 151。

〔註6〕嘉義縣政府（2004），《臺閩地區第三級古蹟嘉義縣六興宮調查研究及修復計劃》，頁 16（資料來源：國家圖書館　臺灣記憶 https://tm.ncl.edu.tw/），最後查詢日 2021 年 6 月 12 日。

庇祐而決定建廟供奉。這樣的理由體現出在信仰的過程中，人們因為感受到神明靈力的幫助，進而更進一步的興建廟宇來供奉其神尊。與上帝爺廟興建緣由相仿，均是因為相信所信仰的神明可以幫助自己度過難關，故更加以虔誠的祭祀。

王得祿在當時身為在台官位最高者，由其來為黑面三媽的「靈驗神蹟」背書，使黑面三媽在溪北庄逐漸鞏固其地位，致使庄內居民開始信仰媽祖。然則，雖因王得祿的影響而奠定六興宮在溪北庄的地位，但當時上帝爺廟仍然存在，故在短時間內庄內的信仰情況應較無明顯轉移的情況，後續又會有何種其它因素導致至信仰情況較明顯轉移，將繼續探討。

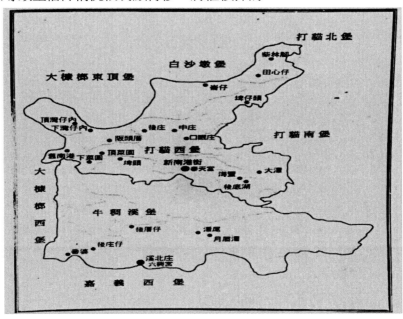

圖 3-1　清朝時期牛稠溪堡六興宮巡庄繞境村落圖（筆者翻攝）

（二）王貫時期

在王貫接手重建並經營六興宮前，六興宮曾因 1904、1906 年兩次台灣百年大地震而屢次倒塌。當時王府九房王朝文長子王順記多次到溪北勘災，因不忍祖父基業傾倒如廢墟，故萌生重建之意。經劃數年，與在庄人士李烏沙、楊古、王振良、王振德、江濟振等出資，聘請全台寺廟建築權威陳應彬大師於大正初期（約 1914 年）重建本宮於現址（溪北村 65 號）。〔註7〕當時經過數年時

─────────────────

〔註7〕蔣月霞、李麗真、王振坤、李德住著（2011），《溪北田水──嘉義縣新港鄉溪北社區──紀事探源》，嘉義縣新港鄉溪北社區發展協會，頁11。

間，大概恢復六興宮約十分之一的面貌，建造完成後為三開間建築，分前後兩殿。這段期間三媽則暫時奉敬於本境弟子之住宅數十年。地方人士江濟振發揮其能，等備全省有志，恢復六興宮之廟貌有十分之一，而一九二五年江濟振不幸逝世，一九五二年全省仕紳女士蒞廟行香之際，言起此廟太簡陋不忍坐視，主動助弱之觀念喜獻聲請金項，委託本境王貫君代辦，同等之效力，經此十年間，始將廟宇完成十分之九，尚欠十分之一，後來請全省仕紳女士扶助最後的鐘鼓樓完成，終於再次重現六興宮之風采。〔註8〕且於廟與右前方建造當時全台最高大的「唐博風」式三層金爐（圖3-2），此為全台獨一無二的大金爐。

圖3-2　唐博風式三層金爐（筆者攝）

　　然而，這王貫為何人？為何要答應協助重建六興宮呢？筆者在針對此一問題做田野調查時，江石柱說明：

> 這個王貫是溪北人，雖然長期攏佇外口作工課，毋過伊真信媽祖，所以逐擺轉來攏會去佮媽祖下願，若將來事業有成一定會轉來報答媽祖。毋知影對啥物時陣開始，王貫開始學做無患子雪文，伊學成了後就開始做這項生意，做了真成功，予伊趁袂少錢。尾了伊轉來溪北蹛了後就開始接手重起六興宮，變作上大的金主。〔註9〕

在〈溪北六興宮正三媽廟沿革〉中亦有記載：

〔註8〕王貫（1950），《王貫：贈溪北六興宮正三媽圖冊》，嘉義縣新港鄉正三媽廟籌備會，頁6。

〔註9〕參見「附錄七　江石柱田野調查資料」。

> 王貫先生，溪北庄人，約生於 1900 年左右，不知何時起，學得一手
> 製作「嘛呣仔」（類似現代香皂）美容化妝用品的技術，自做自銷，
> 行走全台。從小信仰媽祖極為至誠的他，縱使長年在外，每次返鄉
> 必到本宮參拜「下願」，祈求：「出外平安、賺大錢，來日成功一定
> 起媽祖廟答謝」果不其然，生意越做越大，財富亦滾滾而來。西元
> 一九四五年，王貫返鄉定居，一面結合善心人士還願。〔註10〕

經報導人說明後筆者再去查閱〈溪北六興宮正三媽廟沿革〉得知，此人雖長年
在外工作，卻十分信奉黑面三媽，每次返鄉必定前望參拜，祈求能夠保平安、
賺大錢，並向媽祖下願，來日若成功必定返鄉擴建媽祖廟以答謝，果真後來生
意成功，賺了不少錢，因此遂返鄉還願。王貫與王得祿之所以虔誠信仰媽祖的
原因均是認為在遇到生命當中的重大難關時，媽祖會展現神蹟來幫助其度過
難關。因此在成功度過後便會更加虔誠的信仰。1941 年時，嘉義新營白河一
帶發生大地震，當時本庄亦受創嚴重，六興宮四垂拜殿前簷傾饋，上帝爺廟經
此劇震，終告倒塌成為廢墟，直至 1945 年時，因二次世界大戰終戰，日本無
條件投降，國民政府來台，時局動盪，王貫遂返鄉定居，為了還願便結合當時
的善心人士一同重建廟宇，歷經數年，六興宮遂由三開間古樸建築擴建為七開
間美輪美奐的廟宇，然庄人似已無力再重建上帝爺廟，故只得移寄玄天上帝神
尊於六興宮殿內，與媽祖合祀，共享信徒香火。

　　當時，王得祿家族已鮮少參與六興宮之事，改由王貫家族所經營，繼續以
家廟式管理來經營六興宮，直至民國六十七年（1978）王貫子嗣讓出經營權還
歸於庄民，建立管理委員會來管理廟務。

（三）管理委員會時期

　　王貫子嗣於民國六十七年左右（1978）有意讓出本宮經營管理權，此時旅
居於台北的王聰明兄妹知悉（王明和、王聰明、王素瑩、王聰富、王聰義）。
兄妹五人認為：他們出身寒門，能有今日之成就，皆為媽祖庇佑，遂聯合出資
約當年十甲良田之價，購下經營權，隨即讓渡，還「廟」於民，由信徒自組六
興宮管理委員會綜理廟務。〔註11〕筆者就此紀錄找到王聰義並針對此問題進

〔註10〕王振坤（2000），〈溪北六興宮正三媽廟沿革〉，《新港文教基金會月刊》十二
　　　月，頁 15。
〔註11〕蔣月霞、李麗真、王振坤、李德住著（2011），《溪北田水——嘉義縣新港鄉溪
　　　北社區——紀事探源》，嘉義縣新港鄉溪北社區發展協會，頁 11。

行訪談，王聰義說：

> 王貫彼當陣六興宮佇他的手頭經營的時陣香火真興旺，個規個家族
> 嘛攏佇彼間廟內底做工課，毋過落尾予伊的後生王道敗去，伊規工
> 跋筊、迌迌，當時王道的小弟王明正咧顧廟，王道定定來揣伊提錢，
> 到尾仔王道嘛無意接手六興宮的經營權，所以我才提錢出來佮經營
> 權買落來還廟予庄民。〔註12〕

根據王聰義所述與史料記載可以推斷，當時王貫的兒子因無心接手六興宮的
經營權，而王聰義兄妹五人認為他們能夠有今日此成就皆歸功於媽祖的庇佑，
因此在得知此消息後便決定將六興宮的經營權買下，並將廟還給庄民。經此一
事件後六興宮首度讓庄內居民來成立管理委員會自行經營。

　　六興宮管理委員會成立之經過，王瑞戊說明：

> 彼當陣六興宮當欲準備成立管理委員會，經過討論了後決定予徐水
> 張做第一屆的主任委員，彼當陣猶無選舉制度，所以攏是用推薦的，
> 伊做一屆了後就無做阿，一直到第二屆了後才開始佮月眉庄、月潭
> 庄、安和庄聯合做伙選管理委員會。〔註13〕

筆者根據報導人敘述去調閱六興宮管理委員會名單發現，與其說法一致，徐水
張確實為第一屆主任委員，其擔任第一屆後便未再出任。

二、六興宮的管理委員會

　　民國 67 年左右（1978）六興宮開始組織管理委員會，邁向民主式的管理。
而第一屆為籌備委員會，由庄內居民推薦擔任，徐水張擔任主任委員、副主委
則由李輝虎擔任。第二屆開始才由月眉庄、月潭庄、安和庄、溪北庄四庄聯和
選出管理委員會成員，由於後厝仔庄與六斗仔庄已散庄，因此只剩四庄，六興
宮因位於溪北庄內，因此溪北庄提出三十位信徒代表，月眉、月潭、安和三庄
則分別提出十位信徒代表，總共有六十位信徒代表。再由六十位信徒代表中選
出二十位擔任管委會成員，每四年選舉一次，其中分成主委、副主委、總務、
祭典組、營繕組、接待組、常務監事與監事等職位。目前的管理委員會為第十
屆，由江筱芃擔任主任委員，蔡萬歷擔任副主任委員。

　　管理委員會主要是處理點光明燈、節日祭拜、平日祭拜、媽祖繞境、友宮

〔註12〕參見「附錄十　林文樹、王聰義田野調查報告」。
〔註13〕參見「附錄三　王瑞戊田野調查報告」。

會香⋯⋯等項目。當中節日重點祭祀則包含：農曆大年初一的新春祭祀、農曆正月十五的「云庄」、農曆三月廿三的媽祖誕辰以及農曆七月二十的中元普渡四大重點節日，另外，如遇六興宮中的其他奉祀之神明誕辰也會舉行簡單的祭祀活動。

> 其他佇廟內底的神明如果生日咱嘛會祭拜，佇個生日彼工阮攏會請一班布袋戲來熱鬧一咧，下晡演布袋戲，暗時放電影按呢，佇布袋戲班頂懸嘛會寫一個『千秋牌』，就寫講佗一位神明的聖誕千秋，溪北六興宮全體委員會敬獻。〔註14〕

另外，六興宮的年度祭祀節目筆者也將其整理成表格，如表3-1所示，從中可以看到廟裡一整年的祭祀活動與時間。

表3-1　六興宮年度祭祀節日列表（2021年版）

祭祀節日	農　曆	國　曆	地　點	時　間
新春團拜	正月初一	2/12	六興宮	早上八點辰時
溪北庄云庄	正月十五	2/26	溪北庄	當日午時
上元天官誕辰	正月十五	2/26	六興宮	當日子時
濟公佛辰	二月初二	3/14	六興宮	當日子時
土地公生	二月初二	3/14	六興宮	當日子時
文昌帝君聖誕	二月初三	3/15	六興宮	當日子時
觀世音菩薩佛辰	二月十九	3/31	六興宮	當日子時
玄天上帝萬壽	三月初三	4/14	六興宮	當日子時
註生娘娘千秋	三月二十	5/1	六興宮	當日子時
天上聖母聖誕	三月廿三	5/4	六興宮	當日子時
五穀先帝千秋	四月廿六	6/6	六興宮	當日子時
城隍爺聖誕	五月十一	6/20	六興宮	當日子時
虎爺公聖誕	六月初六	7/15	六興宮	當日子時
關聖帝君聖誕	六月廿四	8/2	六興宮	當日子時
值年太歲星君千秋	七月十九	8/26	六興宮	當日子時
中元普渡	七月二十	8/27	六興宮廟埕	當日午時

〔註14〕參見「附錄九　江筱芃田野調查報告」。

北斗星君聖誕	八月初三	9/9	六興宮	當日子時
月下老人聖誕	八月十五	9/21	六興宮	當日子時
南斗星君聖誕	九月初一	10/6	六興宮	當日子時
中壇元帥千秋	九月初九	10/14	六興宮	當日子時

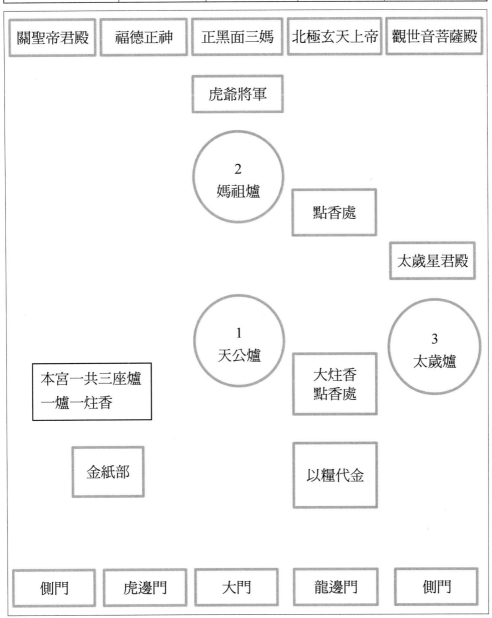

圖 3-3　六興宮參拜流程與神尊位置圖（筆者參考六興宮參拜流程圖重繪）

　　平時六興宮的廟務皆由廟方聘請之人員與廟公負責，廟公於每日五點便到廟前將廟門打開，而外聘的人員則是八點才開始上班，負責整理廟內外的環境並為神尊奉茶與上香（天公爐一柱、媽祖爐一柱、太歲爐一柱）與香客問題解惑，廟內亦有一參拜流程圖提供給外來香客參考用，如圖 3-3 所示。

三、六興宮的祀神

　　六興宮坐北朝南，由於保存得宜，於民國 74 年 11 月 27 日被政府列為三級古蹟，其格局為七開間，兩進兩廊帶有左右護龍及鐘鼓樓的廟宇建築。廟的右前方建造當時全台最高大的樓閣是金爐。正殿的蜘蛛結網八卦藻井為陳應彬大師的作品，藻井以八卦之型發展，使用靈活螭虎造型，螭虎做縮喉吐胸狀，勁拔有神，以鬥拱層層疊出，深達數層。〔註 15〕以下，筆者在本章節中將針對六興宮中的主祀神明「黑面三媽」以及其他主要同祀神明的供奉緣由來敘述。

圖 3-4　黑面正三媽與千里眼、順風耳將軍（筆者攝）

　　六興宮內所供奉之主神為黑面正三媽，配祀則為千里眼、順風耳將軍（圖 3-4），同祀神尊則有玄天上帝、福德正神，另有供奉虎爺將軍、關聖帝君、觀世音菩薩、斗姆元君及六十甲子太歲星君等眾神佛。一般而言，廟宇所配祀之神明通常與主神有某種關係故配祀在廟中。配祀大致上分成兩種，一為與祭祀神職務有關，二為與祭神史實和傳說有關，〔註 16〕在六興宮內因主神為黑面三

〔註 15〕蔣月霞、李麗真、王振坤、李德住著（2011），《溪北田水——嘉義縣新港鄉溪北社區——紀事探源》，嘉義縣新港鄉溪北社區發展協會，頁 12。

〔註 16〕（日）鈴木清一郎著；馮作民譯（1989），《台灣舊慣習俗信仰》，臺北市：眾文圖書公司，頁 8～9。

媽，因此配祀媽祖的開路將軍：千里眼與順風耳，圖 3-4 的千里眼、順風耳將軍為參與六興宮翻修的信徒江濟振所捐獻，是現今六興宮內最早的千里眼、順風耳。至於同祀的神明則可能與主神沒有直接關係，只是同祀於廟中的神佛，鈴木清一郎所提出的同祀的緣由大約可分為四種：（一）與寺廟關係者的故鄉有關係的祭神、（二）深得當地居民信仰的祭神、（三）與當地多數居民職業有關係的祭神、（四）廢廟的祭神〔註17〕。就以六興宮的情況來看，同祀的緣由均不太相同。

　　正殿除了主神黑面三媽外，亦同祀玄天上帝與福德正神。根據 2011 年《溪北田水──嘉義縣新港鄉溪北社區──紀事探源》記載：

> 玄天上帝為溪北庄開庄之神，原本建有『上帝爺廟』供奉，然而於 1941 年 12 月 17 日，嘉義新營白河一帶發大地震，死傷無數，也終將上帝爺廟震為廢墟，六興宮也受到很大的波及，庄民為了重建六興宮投入了不少心力與金錢，加上當時國民政府來台時局動盪不安，故無法再重建上帝爺廟，不得已只好將玄天上帝，移入六興宮內與媽祖合祀，一同共享庄民的香火。〔註18〕

圖 3-5　正殿左側的玄天上帝（筆者攝）

〔註17〕（日）鈴木清一郎著；馮作民譯（1989），《台灣舊慣習俗信仰》，頁 12。
〔註18〕蔣月霞、李麗真、王振坤、李德住著（2011），《溪北田水──嘉義縣新港鄉溪北社區──紀事探源》，嘉義縣新港鄉溪北社區發展協會，頁 16～17。

　　在上一章有探討到上帝爺廟因 1941 年的嘉義大地震而倒塌，當時庄人重修六興宮後便無力再重建上帝爺廟，故將玄天上帝請入六興宮內一同共享香火，直至民國 78 年（1989）後才獨立出來建廟。

圖 3-6　通天宮金爐、正殿右側的福德正神（筆者攝）

　　另一位同祀神明則為福德正神（圖 3-6），又稱為土地公、客家人稱「伯公」，是眾天神中最基層的神祇，根據庄民相傳，該尊土地公應為已消失之廟宇「通天宮」之主神。林文樹認為：

　　通天宮這馬抑擱是一個謎，毋過以我個人的見解來看，通天宮彼當
陣的主神應該就是土地公。〔註19〕

其認為通天宮的主神應該為福德正神，但奉祀緣由與廟宇所在位置因年代久
遠故已無法考證其真偽，現今僅能從廟前的金爐上（圖3-6），看見「通天宮」
的名字，金爐上的對聯顯示出通天宮主神具有財神的功能，對比現今供奉於六
興宮內的福德正神也是手持金元寶的造型，透過此線索推斷，該廟主神或許為
福德正神。

　　左殿供奉觀世音菩薩、右殿供奉關聖帝君，另外有太歲殿供奉斗姆元君與
六十太歲星君，根據筆者從「中央研究院人社中心文化資源地理資訊系統」中
的台灣寺廟主祭神數量統計來看，現今台灣前十名得主祭神為：土地公、釋迦
牟尼佛、天上聖母、觀世音菩薩、王爺、玄天上帝、關聖帝君、王母娘娘、中
壇元帥、三山國王等神佛。〔註20〕從以上統計來看，六興宮內除了釋迦牟尼
佛、王爺、王母娘娘及三山國王等神祇未供奉外，其餘神祇均有包含在內。其
中觀世音菩薩與媽祖一同供奉的情況則最為常見，林美容提到：

　　　　台灣的觀音常被稱為觀音佛祖、觀音菩薩、觀音媽、觀音大士、觀
　　　　世音等，亦有所謂的千手千眼觀音（簡稱千手觀音）或南海觀音。
　　　　因為被稱為觀音佛祖，有時便簡稱為佛祖，如果不察，還以為是釋
　　　　迦牟尼佛；因為被稱為觀音媽，形象女性化，變成和媽祖一樣，也
　　　　有分身，其分身也常被稱為大媽、二媽、三媽等。〔註21〕

觀世音菩薩在佛家本認為是無性的，但民間宗教卻將其塑成女性形象，民間認
為觀音菩薩是「慈航普渡」，媽祖常能顯聖救護因風發生危難的船舶舟人。〔註
22〕也因為觀世音與媽祖均具有水神性格，也因此許多先民在渡海來台時為了
祈求一路平安，時常會攜帶媽祖或觀世音菩薩神像一同前來，且在穩定下來後
往往會建廟加以祭祀。江筱芃告訴筆者：

〔註19〕參見「附錄十　林文樹、王聰義田野調查報告」。
〔註20〕筆者於110年6月18日搜尋「中央研究院人社中心文化資源地理資訊系統」
　　　　的台灣寺廟主祭神數量，前十名分別為：土地公（2076）、釋迦牟尼佛（1095）、
　　　　天上聖母（920）、觀世音菩薩（919）、王爺（868）、玄天上帝（688）、）關聖
　　　　帝君（545）、王母娘娘（236）、中壇元帥（228）、三山國王（221）。
〔註21〕林美容、蘇全正（2004），〈台灣民間佛教傳統與「嚴仔」觀音信仰之社會實
　　　　踐〉，《新世紀宗教研究》第二卷第三期，頁17。
〔註22〕余光弘（1983），〈臺灣地區民間宗教的發展——寺廟調查之分析〉，《中央研究
　　　　院民族所集刊》第53期，頁90。

> 廟內底會奉祀觀世音菩薩聽講是因為媽祖是觀音的化身，所以媽祖
> 廟內底一定會有一尊觀世音菩薩。所以常常會當佇其他主祀媽祖的
> 廟宇內底看到觀世音菩薩〔註23〕。

根據江筱芃的說法認為廟裡面會奉祀觀世音菩薩的原因是因為媽祖是觀世音的化身，所以媽祖廟內一定會有觀世音菩薩。

關於此一說法，《天后顯聖錄》序文中亦有記載，林堯俞稱天妃：

> 相傳為大士轉身，其救世利人，扶危濟險之靈與慈航寶筏，度一切
> 苦厄，均屬慈悲至性，得無大士之遞變遞，現於人間乎。〔註24〕

又林有勝稱：

> 當舸艦去來之津，赫聲濯靈，無禱弗應，由水道者，必從而問福，
> 相傳家香而戶火焉，稱為大士轉身，豈其然乎。〔註25〕

自該兩段記載可以看到，這樣的敘述都在強化媽祖是觀世音的化身之「可信度」，兩者的共通點皆為海上女神，保護在海上討生活，時刻與兇猛海浪抵抗的民眾。

然而，此敘述仍無法完全證明為何六興宮內會同祀觀世音菩薩的原因，筆者認為1933年相良吉哉《台南州寺廟名鑑》中關於溪北庄觀音會的記載或許可以佐證其同祀原因。

> 最初先民所奉來持台的祭祀組織，並於來台後建廟奉祀，觀音會仍
> 維持原本的運作，現今所屬財產貸付金二十元（年利息五元）作為
> 必要經費。〔註26〕

從該段記載中可以發現，溪北庄曾經有個「觀音會」的組織，並曾建廟奉祀，雖現今已無相關記載，不過可確定當時庄內的確有奉祀觀世音菩薩，故筆者認為六興宮內的觀世音菩薩應是當時先民所攜帶來台，原先有建廟祭祀，後來廟宇消失才將其請入六興宮內一同供奉。

六興宮內的觀世音菩薩值得一提的是其神尊是與牆壁融為一體的（圖 3-7），在全台廟宇當中實屬少見，在六興宮中被供奉於左殿。

〔註23〕參見「附錄九　江筱芃田野調查記錄」。
〔註24〕（清）照乘（2004），《天后顯聖錄》，北京市：九州出版社，頁328。
〔註25〕（清）照乘（2004），《天后顯聖錄》，北京市：九州出版社，頁356。
〔註26〕（日）相良吉哉（1933），《台南州寺廟名鑑》，臺灣日日新報台南支局出版，頁374。

圖 3-7　觀世音菩薩殿（筆者攝）

關聖帝君，又稱關公、關老爺，也是台灣廟宇中時常一同供奉的神尊之一，生前為三國名將關羽，忠心耿耿的個性致使他在逝世後被人們所供奉，而六興宮內的關聖帝君（圖 3-8），可看見其為手持「春秋」的造型，衍生出文昌帝君的性格，能夠保佑溪北庄的學子們在考取功名時更加順利，其神尊與觀世音一樣均是與牆壁融為一體的雕刻方式，十分特別，在六興宮中被供奉於右殿。

圖 3-8　關聖帝君殿（筆者攝）

供奉於正殿神桌底下的虎爺亦是廟宇中常見的神明之一，高珮瑛指出：

在臺灣大部分的廟宇都會供奉虎爺，主要就是要請虎爺保護主神，並且負責廟宇環境的安寧，確保廟中的環境不被打擾，具有驅除癘疫、惡魔以及鎮護廟宇的功能。〔註27〕

虎爺信仰在臺灣亦十分興盛，幾乎所有的廟宇均有供奉虎爺，雖其神格較低卻十分靈驗，由於虎爺供奉的地方位於正殿的神桌底下，位置較低，因此小孩子特別容易發現虎爺，也讓虎爺成為小孩子的守護神。

最後則是供奉於太歲殿的斗姆元君與六十太歲星君，斗姆元君又稱斗姥元君，在道教中出現時間極晚，但地位卻很高，在《玉清無上靈寶自然北斗本生經》中提到：

在昔龍漢，有一國王，其名周御，聖德無邊，時人稟受八萬四千大劫，王有玉妃，明哲慈慧，號曰紫光夫人，誓塵劫中，已發至願，願生聖子，輔佐乾坤，以裨造化。後三千劫，於此王出世，因上春日，百花榮茂之時，遊戲後苑，至金蓮花溫玉池邊，脫服澡盥，忽有所感，蓮花九包，應時開發，化生九子，其二長子，是為天皇大帝，紫微大帝，其七幼子，是為貪狼、巨門、祿存、文曲、廉貞、武曲、破軍之星。〔註28〕

其神像是一位三目、四頭、八臂，手中執有金印、弓、戟、日、月、寶鈴等法器，中間兩手結斗姆法印，盤坐於蓮花寶壇的女神，同時掌管著六十太歲星君，因此在太歲殿的左右兩側亦同時供奉著六十太歲星君，至於斗姆元君與六十太歲星君的奉祀原因，江筱芃說明：

六十太歲殿是佇第四屆管委會的時才新起的，彼當陣管委會想欲幫信徒點光明燈、安太歲，所以才新起六十太歲星君殿，奉祀斗姆元君為主神來掌管六十太歲星君，咱逐冬攏會有一個值年星君，如果你若去廟內底就會使看到其中有一尊身軀頂揹有紅色的揹帶，彼尊就是咱今年的值年星君。〔註29〕

六十太歲星君殿在第四屆管委會時因廟方想幫信眾點光明燈、安太歲故新建

〔註27〕高珮英（2006），〈台灣漢人社會虎爺信仰之現況研究〉，《台灣民俗藝術彙刊》第三期，頁8。

〔註28〕《玉清無上靈寶自然北斗本生真經》正統道藏電子文字資料庫 http://www.ctcwri.idv.tw/，最後查詢日：2021年6月12日。

〔註29〕參見「附錄九　江筱芃田野調查記錄」。

一個太歲殿（圖 3-9），可以看到正中間有一尊星君身上有著紅色背帶，這便是今年的值年星君。

圖 3-9　六十太歲星君殿（筆者攝）

　　從六興宮內神祇同祀的理由來看，玄天上帝、福德正神與觀世音菩薩應是屬於鈴木清一郎所提出的同祀緣由中的「廢廟的祭神」。然而，玄天上帝的情況又不太相同，因玄天上帝為溪北庄的庄頭神，故庄民為感念其為開庄之神，因此於民國 78 年（1989）將其正式請出六興宮，並於民國 87 年（1997）興建「鎮武宮」來奉祀玄天上帝金尊，而福德正神與觀世音菩薩推測其原先供奉之廟宇已經消失，故長期同祀於六興宮內。另外，關聖帝君、虎爺與斗姆元君及六十太歲星君應是屬於「深得當地民眾信仰的祭神」，關聖帝君在台灣的廟宇中是常見的同祀神明或為主神，斗姆元君與六十太歲星君則為掌管每年安太歲的事宜，也經常可以在道教的廟宇當中所見，因此均共同奉祀於六興宮內。

四、溪北庄的曲館與武館

　　本節將針對溪北庄的曲館與武館進行深入的探討，在溪北庄現今依然存在著北管「溪北六興軒」、金獅陣「溪北集群軒」兩個陣頭，每逢庄內舉辦大型祭祀廟會均會邀請該兩館出來演出，曲館與武館之於一個庄頭有著重要的象徵，若逢庄內有舉辦迎神廟會之時這些武館與曲館便擔任活絡氣氛的重要角色，也因此在以前幾乎每個庄頭都會有自己的文武陣頭，這些陣頭同時也代表著這個村莊，而除了在舉辦迎神廟會熱鬧用，另一個好處是提供庄民一個休

閒娛樂，在以前的農業社會休閒娛樂並沒有像現今這樣多元，因此夜間的文武、館練習變成了日常的娛樂場域。此外。更可提供學習機會，藉著加入曲館識字、加入武館強身、保庄。一種組織可以兼顧如此多項功能，無怪乎子弟組織在民間扮演了如此重要的角色。〔註30〕

　　曲館與武館之於一個庄頭甚為重要，但由於大環境變遷之故，這些傳統技藝不再有人傳承，進而逐漸式微，筆者在本節將針對「北管團──溪北六興軒」、「金獅陣──溪北集群軒」來作探討，試圖記錄其過去的發展脈絡以及後來為了因應環境而產生什麼樣的改變，並說明陣頭與庄頭密切的互動關係。

（一）北管團──溪北六興軒

　　台灣有句俗諺：「食肉食三層，看戲看亂彈（lān-thân）。」三層是指「三層肉」，也就是華語所說的「五花肉」，食肉著愛食袂傷肥嘛袂傷韌的「三層」上好食，意思是內行的氣口，知影「三層」是食肉上讚的選擇；若內行人欲看戲，前輩留予咱的智慧就是：看戲著愛看鬧熱豐沛的「亂彈」戲（北管）。〔註31〕從這樣的形容可以看到北管音樂的特色是熱鬧且豐沛的，也因此深受許多人的喜愛，北管音樂在臺灣流傳的歷史可謂十分悠久，據推測，北管音樂約於三、四百年前隨著漳州籍的遷民傳入台灣，作為人們休閒娛樂的節目，並為同鄉聯誼的媒介。〔註32〕而北管的範圍其實包含了兩個劇種：亂彈、四平，但傳統的四平戲在日治時期已經消失了，故現今多把「亂彈戲」等同於「北管戲」。〔註33〕這也是我們現今所看到的北管戲幾乎都是亂彈的原因。接著，從北管在台灣民間的發展來看，可以將其分為「劇種」、「樂種」兩者來看待，若以「劇種」來說型態上可以分為「扮仙」、「正戲」與「小戲」三個類別。另外，若以「樂種」來說，其音樂型態可以分為四大類：唱腔、鑼鼓、吹排、絃譜。〔註34〕從以上分類來看可見北管戲曲形式之多元，而北管也流傳於全國各地，不過要以台北、台中、彰化等地發展最為蓬勃。

〔註30〕林美容主編（1997），《彰化縣曲館和武館（下冊）》，彰化市：彰化縣立文化中心，頁798。

〔註31〕【看世事　講台語】吃肉吃三層　看戲看亂彈，李江却文教基金會，https://www.tgb.org.tw/2011/07/blog-post_14.html。最後查詢日：2021年6月24日。

〔註32〕呂錘寬（2000），《北管音樂概論》，彰化市：彰化縣文化局，頁7。

〔註33〕林美容主編（1997），《彰化縣曲館和武館（下冊）》，彰化市：彰化縣立文化中心，頁800。

〔註34〕林美容主編（1997），《彰化縣曲館和武館（下冊）》，頁800～801。

　　北管音樂對於民間而言扮演著不可或缺的角色，其中蘊含了文化、音樂、宗教等多種面向，對於庄民來說，婚喪喜慶以及神明慶典活動均少不了北管團的演出。然而，這樣一個曾經頗為興盛的音樂隨著時代的變遷，已經越來越少年輕人加入練習，也因此在傳承上出現了困難，「溪北六興軒」亦是如此，該北管團曾是溪北庄的代表，頗負盛名，最遠曾到台北參加演出，但後來卻逐漸式微，直至溪北六興宮的主任委員江筱芃認為應該要重新整理「六興軒」傳承屬於我們的文化，才又重新組團，將溪北庄消逝已久的傳統技藝再次呈現，以下，筆者將深入探討其沿革與變遷，以及後來由六興宮的義工團所重組的「溪北六興軒」之發展，呈現出溪北庄珍貴的北管音樂文化。

1. 王貫時期的「溪北六興軒」

　　溪北六興軒創立於 1951 年，由王貫所創立，關於創立的原因，江筱芃說明：

> 六興軒是佇咧王貫管理六興宮時期創立的，伊彼當時為著想欲幫六興宮增加特色，也希望會當透過北管來吸引攔較濟的進香團，六興軒的表演內容嘛有包含子弟戲，彼當陣六興軒嘛會予邀請去其他宮廟來做表演，就是用表演來做交流按呢。〔註35〕

另外，在《嘉義縣傳統戲曲與傳統音樂專輯》中也有記載六興軒成立的緣起：

> 創立人王貫，約民國前 10 年（1902）生。早年遊走各地賣藥，長於口才與人際關係，攢聚田產數甲。光復後不久，王擔任六興宮負責人，並開始籌招募人手籌組戲班，以壯大廟宇竣工時之慶祝儀式的場面。〔註36〕

綜合上述可知，六興軒創立緣由應是王貫為了想吸引更多進香團來到六興宮參拜，故設立北管團來增添特色並到處宣傳，也透過北管表演來與各地宮廟作交流。

　　溪北六興軒成立之時曾聘請新港何進樹（舞鳳軒）教身段與樂器。另一名劉師傅（綽號貓庭）教洪氏兄弟（洪東暉、洪明恭）鼓吹。後來又延請彰化集樂軒林火柴教授身段與樂器。嘉義碧雲軒萬先生（不詳姓氏）亦曾蒞臨指導。當時演員人數最多時達 30 人，後場亦有 12 人，演員年齡多在 15 至 20 歲之

〔註35〕參見「附錄九　江筱芃田野調查紀錄」。
〔註36〕李雅景（1998），《嘉義縣傳統戲曲與音樂專輯》，嘉義縣：嘉義縣立文化中心，頁286。

間，全部為男。〔註37〕可見當時溪北六興軒之盛況，六興軒也為了北管音樂的學習特別禮聘當時嘉義縣最輝煌的北管樂團新港「舞鳳軒」的師傅來教授，盼望能將溪北六興軒發揚光大。

也因為王貫聘請新港舞鳳軒的名師來教授北管樂器及身段有所成果，以至於後來的六興軒曾風靡一時。根據《嘉義縣傳統戲曲與傳統音樂專輯》所記載可以看到：

> 第一場戲是在六月六日的虎爺誕辰（時間大約是西元 1951 年），於奉天宮前開台演出。日場演出葫蘆谷，夜戲則忘其名，只記得當時演出的都是文戲。六興軒曾應各地邀請演出，演出地點包括新港、嘉義（城隍廟）、台北。有一次在台北得賞（依現有錦旗推測，約為台北靈安社），還在嘉義市踩街遊行。〔註38〕

江石柱也提到：

> 六興軒較早是王貫佇咧招的，彼時陣攏是查甫扮查某落去演的，較早猶擱有去台北公演予人看，彼時陣北部足合意來揣咱去表演，王貫足巧歁，攏會焄一陣查某囝仔坐佇頭一排看戲，別人看著就會感覺這戲敢若足好看歁款，著會坐落來做伙看，所以彼當陣真紅。〔註39〕

可見當時王貫為了溪北六興軒的發展費盡心力，不僅聘請名師來教授，甚至在演出時也使用了各種方法來吸引觀眾打造知名度，也因此六興軒在當時受邀參加了許多演出。然而，六興軒卻成立僅五年的時間便宣布解散，最後一場戲，是在柴林腳演出。時間不晚於 1956 年。〔註40〕之後便一度消失在溪北庄內，僅留下一只裝錦旗及三只裝戲服。

2. 溪北六興軒的復館

六興軒自王貫成立後僅短短五年的時間便宣布解散，工業化的社會，庄內年輕人都到外地去工作，老一輩的也沒有力氣再繼續傳承下去了，因此溪北六興軒便逐漸式微。直至江筱芃擔任六興宮管委會第八屆主委後，才著手重新整

〔註37〕李雅景（1998），《嘉義縣傳統戲曲與音樂專輯》，嘉義縣：嘉義縣立文化中心，頁286。

〔註38〕李雅景（1998），《嘉義縣傳統戲曲與音樂專輯》，嘉義縣：嘉義縣立文化中心，頁286。

〔註39〕參見「附錄七　江石柱田野調查報告」。

〔註40〕李雅景（1998），《嘉義縣傳統戲曲與音樂專輯》，嘉義縣：嘉義縣立文化中心，頁286。

理六興軒，使其再次重現於庄內。對此，江筱芃說明：

> 佇我當選第八屆主委的時陣，我就開始整理六興軒，這馬的六興軒
> 主要是由六興宮的義工團來演出，咱有請布袋慶和軒的黃團長來教
> 北管吹奏。像過年抑是年初安爐的時陣一寡仔較盛大的活動的時就
> 會邀請個來表演。〔註41〕

圖3-10　溪北六興軒於鎮武宮廟埕前演奏祝壽（鎮武宮臉書）

從訪談內容得知，江筱芃自當選主委後便開始著手整理六興軒，現今主要
由六興宮義工團的成員所組成，另外聘請布袋慶和軒的黃團長來教學並演出。
每年的農曆正月初一及媽祖誕辰等重大節日都會參與排場、出陣。近年來，每

〔註41〕參見「附錄九　江筱芃田野調查報告」。

逢農曆正月初一，溪北六興軒皆會在溪北六興宮廟埕進行排場演奏扮仙，2019年的新春排場，於 8：50 左右，開始演奏扮仙戲三齣頭《醉仙》—《封王》—《新金榜》，以及【凡管風入松】等曲目，其演奏版本為內田慶和軒邱丁進版本。〔註42〕而 2021 年新春因應疫情所以取消所有新春活動，不過在農曆 3 月 22 日的晚上 11 點左右，溪北六興軒仍與誦經團一同為黑面三媽誦經祝壽，並於 23 日的下午 2：30 左右至晚上 9 點於六興宮廟埕前演奏，另外，於三月初三玄天上帝誕辰時也會在鎮武宮廟埕前演奏祝壽（圖 3-10）。

從上述的探討中可以看見，因為時代的變遷，由原本的傳統農業社會轉變成後來的工業社會之故，庄內許多年輕人因為出外打拼而不再留在庄內，老一輩的人也因為年紀漸大故無法繼續參與，導致在傳承的過程中出現斷層，直至後來六興宮管委會組織義工團後才又將六興軒接下繼續傳承，雖現今的六興軒僅剩吹奏演出，然則，筆者認為能夠將此傳統文化保從下來已實屬不易，可以看出庄頭居民對於傳統民俗文化的重視與努力。

（二）金獅陣──溪北集群軒

當今台灣的許多鄉村裡，我們仍然可以看到獅陣參與傳統廟會的活動，在地方上，獅陣是凝聚庄民的一個重要核心，是庄民團結合作的象徵，在早期的農業社會當中，平時練習獅陣與武術是為了鍛鍊身體、保衛鄉里之用，而到了廟會活動時，獅陣便化身為表演酬神的重要宗教儀式與活絡現場氣氛的存在，在傳統信仰中，獅陣扮演著一個重要的族群認同、凝聚心力的角色，也是在農閒之餘庄民所能參加的休閒活動。關於早期溪北集群軒的參與狀況，江石柱說：

> 古早我細漢的時攏會牽陣，彼時陣一陣落去牽攏大概有三、四十個
> 人，暗時仔的時攏會佇廟埕頭前練。〔註43〕

在早期的農業社會當中，晚上練習獅陣是庄民相當重要的娛樂活動，也是凝聚庄民心力的一個方式。以下將針對溪北集群軒的陣頭行式與出陣活動以及在金獅陣出陣的背後的文化意涵。

溪北庄的武館──「溪北集群軒」至今已有超過百年的歷史了，現今館主為第三代的王國松先生（人稱「黑面仔」），最一開始就是王氏的阿公林氏

〔註42〕張儷瓊等（2020），《2019 臺灣音樂年鑑》，宜蘭縣：國立傳統藝術中心，頁 218 ～219。

〔註43〕參見「附錄七　江石柱田野調查報告」。

所創立，但創立年代不詳，因林氏為入贅女婿，故其後代是從母姓。王國松
說明：

> 咱這個武館的師祖若是宋太祖；虎頭獅的團名最後攏有個「軒」
> 字，如果是清水祖師；籤仔獅（kám-á-sai）的團名結尾就是「堂」。
> 像尾厝彼團就是奉祀清水祖師，所以個就是「堂」，咱的師祖是宋
> 太祖，所以就是「軒」，而且佇咧拍的鼓聲嘛無全款，像籤仔獅的
> 鼓佇咧拍就較屬於「文鼓」，虎頭獅傳下來的鼓佇咧拍就較屬於「戰
> 鼓」。〔註44〕

如圖 3-11 所示，可見溪北集群軒的旗幟上寫著「太祖先師」。

圖 3-11　現任館主王國松先生與溪北集群軒旗幟合影（筆者攝）

〔註44〕參見「附錄八　王國松田野調查報告」。

再者，獅陣分成金獅陣與兩廣醒獅陣，溪北集群軒屬於「金獅陣」，獅頭是屬於「合嘴獅」如圖 3-12 所示。可以看到，獅頭的額頭有寫一個「王」字，頭頂上則有個八卦圖樣，整個獅頭都是金色的，獅嘴無法開合，但齒間有縫隙，表演獅套中的「咬青」、「咬紅」時即從此縫抓取樹枝或紅包，大部分的獅頭都是此種型式，獅陣在表演時有許多獅套，如「睏獅」、「刣獅」、「咬青」、「咬蚤」等，咬青即用獅頭去咬地上的樹葉，通常請獅陣的主方會在樹葉中放紅包，獅子咬到樹葉、收下紅包後會再吐出樹葉作為回禮。〔註45〕

圖 3-12　溪北集群軒獅頭樣貌（筆者攝）

金獅陣除了有最重要的獅頭之外，也有許多的「傢俬」（ke-si），最常用的有十八般武器，長傢俬、短傢俬各九種，長傢俬有丈二、七尺、齊眉、大刀、大戟、鎗、耙、鉤鐮、叉等，短傢俬則有雙斧、雙鐧、雙鉤、雙刀、單刀、鐵尺、雙鞭、藤牌等。也有以材質來分木傢俬及鐵傢俬的，兵器大致上以這幾種為主。在武術表演時，空拳會與傢俬配合，輪番上陣，其順序一般是：空手行拳、空手對打、兵器表演、空手對兵器、兵器對兵器等方式演出，每套拳與十八般武器一一對過才算完整的演出。〔註46〕雖然現在集群軒早已無兵器之演出，但在集群軒館內仍可以看到保存完整的兵器，如圖 3-13 所示，那些兵器

〔註45〕林美容主編（1997），《彰化縣曲館和武館（下冊）》，彰化市：彰化縣立文化中心，頁 807。
〔註46〕吳騰達（1984），《臺灣民間舞獅之研究》，台北市：大立，頁 120。

完整地保存於館中。

圖 3-13　集群軒館內的長短傢俬（筆者攝）

王國松也說道：

> 我有聽六興宮的主委講，以後欲佇「暗學仔」（六興宮舊址）彼爿起
>
> 一間媽祖文物館，等起好了後我就欲共傢俬全部送過去彼爿展覽，
>
> 予咱的後代子孫知影較早庄內的武館有遮濟物件。〔註47〕

可見現任館主為了想傳承並讓後代子孫看見我們曾有一個傳統陣頭文化，可
說是十分用心，不僅完整的將兵器及獅頭保存下來，更待日後有機會將所有東
西展示給後代看。

　　除了獅頭與長短傢俬外，在出陣時還有一個最重要的元素，那便是伴奏樂
器（圖 3-14），王國松告訴筆者：

> 一個大鼓（tuā-kóo）、一個大鑼（tuā-lô）、一個小鑼（sió-lô）、一對
>
> 鑔仔（tshîm-á）按呢，較早出陣的時攏會搬大鼓出來，但這馬都干
>
> 焦用小鼓（sió-kóo）爾爾。〔註48〕

〔註47〕參見「附錄八　王國松田野調查報告」。
〔註48〕參見「附錄八　王國松田野調查報告」。

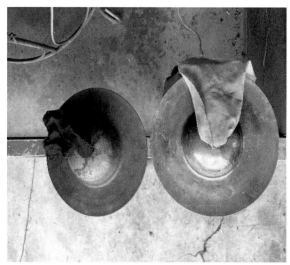

圖 3-14　集群軒出陣的伴奏樂器（筆者攝）

雖然現今的集群軒已經不如以前那樣興盛，但庄內若有舉辦重要的慶典，仍會邀請集群軒出來表演，如農曆正月十四日的「安五營」、正月十五的溪北庄「云庄」仍有出陣，其餘時間就由村長來安排出陣。

關於現今的出陣狀況，王國松說道：

> 這馬如果廟內底有活動就加減會出陣啦，若無就是像人辦喪事的話嘛會請阮去，這馬出陣攏交予村長負責安排，有人想欲請阮出陣就會去揣村長，伊才來佮阮通知。〔註49〕

────────────

〔註49〕參見「附錄八　王國松田野調查報告」。

溪北集群軒現今已經少了很多出陣的機會，主要也是因為庄內的年輕人越來越少，老人家也沒有那個體力再來表演，所以現在出陣形式已經十分簡化，在重要祭典時僅會請出獅頭與簡單的樂器伴奏，不再有套路對打的陣頭，但仍保有其文化內涵。舞獅出陣最大的功用莫過於是要「驅邪納福」，辟邪文化即是以辟除邪惡為目的，所衍生出來的種種信仰與行為，是傳統漢民族民間信仰十分重要的一個面向。〔註50〕一般而言，厭勝（辟邪）可分成厭勝儀式與厭勝物兩者，而其間有相輔相成的關係。〔註51〕金獅陣當中獅頭本身就是一種辟邪物，經過開光點眼後金獅頭便成為一個神明般的存在，具有法力，而在舞獅的過程中便是在進行一種辟邪儀式，整體儀式運用了獅頭、伴奏樂器媒介，來達到一個辟邪的效果。從這樣一套儀式當中我們可以看見傳統文化內涵，金獅陣在溪北庄內具有一定程度的集體認同，因此在重大祭祀時出陣表演，除了可以「驅邪納福」外，也具有鞏固社群情感的功能。

五、小結

綜合上述的探討可以了解到溪北庄信仰中心轉移的歷程與原因，筆者在前一章節曾探討過當時的上帝爺廟為庄內第一座廟宇，玄天上帝自然也被視為是「開庄之神」故可以稱其為溪北庄「信仰的典範」。然則，自王得祿聯合六庄頭一同興建六興宮來奉祀黑面三媽後，溪北庄內始出現兩大公廟鼎立的狀態，因王提督個人十分推崇媽祖信仰，加上他在地方政治上的個人威望令六興宮黑面三媽在溪北庄奠定一個十分特殊的地位，同時似乎也為溪北庄創造出一個新的「信仰典範」。

接著，1941 年時嘉義地區因發生大地震，使六興宮前簷倒塌，上帝爺廟則被震為廢墟，當時庄人在重修六興宮後因經費不足，只得將玄天上帝金尊移至六興宮內與媽祖共享香火，此舉致使庄內信仰情況產生改變。

自玄天上帝移至六興宮內供奉後，溪北庄的信仰情況逐漸出現變化，黑面三媽信仰在王得祿的提倡下逐漸興盛，後來由王貫接手六興宮後募資來擴建六興宮，為了拓展六興宮的知名度更創立了庄內第一個北管團，開始在全台各地演出，吸引更多的信眾前來參拜，接著王聰明五兄妹自王罐子嗣手中接下六興宮並還廟於民後，庄民更進一步成立管理委員會以系統性地來管理廟務。經

〔註50〕謝宗榮主編（2004），《驅邪納福：辟邪文物與文化圖像》，宜蘭縣：國立傳統藝術中心，頁74。
〔註51〕呂理政（1992），《傳統信仰與現代社會》，台北縣：稻鄉，頁45。

過一連串的改變後，六興宮成為一間香火鼎盛的媽祖廟。

　　另外，在最後一節的討論中可以看到溪北庄內曲館與武館的發展情況，對於庄民來說，加入庄內的陣頭是一種與其它庄民聯繫情感的方式，而陣頭在庄內也是十分重要的存在，在各大祭典活動中均需要陣頭來參加演出，除了增添熱鬧氣氛外，更重要的是展現整個庄頭的團結，體現出庄民對於庄頭的歸屬感。然而，隨著時代的變遷，由傳統農業社會轉變成工業化社會後，庄內的人口結構也有所改變，年輕人紛紛到外地去工作僅剩老人還留在庄內，因此在出陣的儀式上也逐漸簡化，不過，能將這樣一個傳統的陣頭文化保存下來已是萬幸。

第肆章　現今溪北庄的信仰情況

　　第肆章筆者主要將會分成三個部份來作探討，一、延續第貳章所談到的「庄神之說起源」更進一步的來探討，在政治手段的操作下對民間信仰有何影響，以及王得祿如何透過其地位來影響溪北庄的信仰情況，還有當時台視為黑面三媽拍攝了「媽祖外傳」劇集後，透過媒體的傳播，對溪北庄產生了何種影響，最後則回到現今六興宮管委會的管理情況、對外交流情況及對庄內的貢獻來作探討。二、民國 79 年（1989）將玄天上帝請出六興宮，並另建鎮武宮祭祀的緣由，以及後來成立管理委員會的運作情況。三、著重於記錄與整理溪北庄內一整年的重要祭祀活動，藉以呈現出溪北庄的信仰脈絡。

一、六興宮在溪北庄的影響力

　　從第貳章所探討的「庄神之說」起源當中可以看到，玄天上帝信仰約莫是在明鄭時期由先民傳入台灣，在溪北庄開庄時便已有玄天上帝，且當時的先民發起了上帝爺會來祭祀上帝爺，後來信者增加便建廟來奉祀，由此可見在當時上帝爺廟已然成為溪北庄的信仰中心。

　　道光六年（1826），王得祿提督將黑面三媽請至溪北庄，並在王公館左側建立六興宮來供奉，從王提督將黑面三媽請至溪北庄建廟供奉後開始，便奠定了六興宮在台灣媽祖廟歷史中的特殊地位，也間接影響了庄內居民信仰的轉移。然則，在媽祖來到溪北庄之前，庄內居民一直是以上帝爺廟為信仰中心，為何在這麼後來會轉移至六興宮呢？以下筆者將列出四點來作探討。

（一）政治操作下的民間信仰

明鄭遷台，在台各地廣建真武廟並加以祭祀，除了有奉明正朔，展示明正統外，亦象徵著反清復明之意，也有著安撫民心的功效，在政治的操作下，玄天上帝信仰儼然已成為一種統治手段，也因明鄭有意的輔助與推廣下，玄天上帝在當時成為眾神之首，其地位甚至凌駕於媽祖，表面上看起來玄天上帝信仰在台灣十分興盛，但這樣的情況也損害了宗教自然發展的權利，導致當時大多數的庄頭均以上帝公為主神，在這樣的脈絡下，或許溪北庄也受到了莫大的影響，因而將玄天上帝奉為「開庄之神」並建上帝爺廟加以奉祀。

然而，這樣的一個政治手段在清朝政府欲攻台時，也被當時奉命出兵的施琅如法炮製，這次的對象是海上女神——媽祖。康熙二十一年（1682），明鄭降將施琅奉命攻台，企圖以媽祖顯靈之神蹟來瓦解明鄭士氣，在《靖海紀事》〔註1〕的〈師泉井記〉中記錄到媽祖神蹟：

> 今在海取，昔之井塵，盡成堙廢。始得一井於天妃宮廟前，據海不盈數十武，漬鹵浸潤，蕨味鹹苦。其始未達深源，其流亦復亦罄。詢諸士人，咸稱是井囊僅可供百家之需，至隆冬則慮水涸，用盡不贍……予乃殫抒誠愫，祈籲神聰。拜禱之餘，不崇潮而泉流斯溢，味轉甘和……自非靈光幽贊，佐佑戎師，殲殄妖氛，翼衛王室……名曰師泉，昭神貺也。

又《澎湖臺灣紀略》〔註2〕提及：

> 按天后即媽祖，康熙二十二年六月靖海侯施琅奉命征鄭克塽，取澎湖；入廟拜謁，見神衣半濕，始知實默佑之。又師苦無水，琅禱於神，井湧甘泉，數萬師汲之不竭。今井尚存，名曰大井。及行，恍見神兵導引；至鹿耳門，水漲數倍，戰艦得逕入，賊驚奔潰。琅上其事，奉詔加封天后。

史料記載中可以發現，施琅製造了一個更巨大的神蹟來擊潰明鄭的軍心，以媽祖助清擊潰明鄭之捏造神蹟，對於當時在台的移民來說，這無疑是天意。而在宗教情懷上，媽祖本身也是移民在原鄉的重要信仰，明鄭在台並無興建媽祖廟，此處更能為施琅所利用，藉此一舉瓦解明鄭。在取得臺灣後，與前朝相同，

〔註1〕施琅（1958），《靖海紀事》，台北市：台灣銀行經濟研究室，頁，20。
〔註2〕台灣銀行經濟研究室編輯（1993），《澎湖臺灣紀略》，南投市：台灣省文獻委員會，頁，34。

為了感激媽祖庇佑，因此在台灣大舉興建媽祖廟，自此與玄天上帝分庭抗禮。

施琅據台後，將原寧靖王宅邸改為天妃宮，顯明朝以徹底滅亡之意，又下令水師各衙署創建天妃宮，又於安平鎮，澎湖建媽祖廟。康熙三十五年，施琅卒，媽祖信仰似呈停滯狀，直至康熙三十九年諸羅縣之笨港街，始再增置天妃廟一座。到康熙五十一年，施琅六子施世標任福建水師提督，臺灣媽祖信仰再度發展〔註3〕。

從以上的例子可以看到，無論是明鄭所推崇的玄天上帝信仰抑或是滿清所推崇的媽祖信仰均是一種藉由「信仰典範」的建立來達到控制地方社會的目的，並非自然發展的情況。

（二）王得祿家族在溪北庄的影響力

康熙三十九年（1700）在諸羅縣笨港街所增置的天妃廟，便是現今奉天宮的前身，詎料嘉慶四年一場洪水，天妃宮崩陷笨港溪中，廟內諸聖像等文物，悉數遷移肇慶堂，當時住持景端師奔走倡建新廟，王得祿將軍為酬謝媽祖指引，使其能飛黃騰達之神恩，乃捐奉及與十八庄董事紳商善信奉獻，歷經十載有其籌劃興建，至嘉慶十六年竣成〔註4〕。從王得祿積極捐獻建廟可以得知，其對於媽祖信仰之虔誠，相傳王得祿自湄洲奉請三尊媽祖回台後，便是安置在笨港天后宮，是於洪水後才遷移至肇慶堂暫時安置，等新廟落成後將大媽安置於北港朝天宮，二媽安置於新港奉天宮，三媽則因兩廟爭相供奉，因此其決定將三媽請回溪北庄王公館左側作客，此舉讓溪北庄的信仰情況產生莫大的改變。

前面章節曾探討過王得祿興建六興宮的緣由，其因為在生命中的重大時刻感受到媽祖的庇佑，為了感謝媽祖便聯合六個庄頭的居民一同興建六興宮來供奉黑面三媽。另外，因其在地方政治上的威望崇高，也讓庄內居民紛紛開始信仰媽祖。筆者實際去訪問了庄內的耆老，看看在當地人的口中，黑面三媽的香火逐漸興盛的原因。

> 咱上帝公較早蹛佇六興宮的時沒什麼發揮，而且媽祖廟是六庄頭作
> 伙起的，本底信徒就較濟，加上六興宮本身是三級古蹟，較容易吸
> 引人來參拜，所以就發揮的比上帝公好，古早時擱有王得祿在處理，

〔註3〕吳季晏（1993），〈明清政權的迭換與台灣玄天上帝信仰〉，《道教學探索》第七號，頁259。

〔註4〕邱奕松（1993），〈王得祿之信仰、芳躅、軼事〉，《嘉義文獻》，卷23，頁4。

> 大家就綴著較要緊，上帝公因為無人出來主持所以就較無去管伊，
> 就較無遐爾興。〔註5〕

江明煌認為媽祖會比上帝公還要興盛的原因除了早期有王得祿在處理廟務之外，加上六興宮是屬於六個庄頭一起興建，所以信徒本來就比較多，又廟宇本身為三級古蹟，也因此較容易吸引外地信眾前來參拜。

另外，從前行所爬梳的文獻當中可以得知，當時在溪北庄內有上帝爺廟及六興宮兩座廟宇，因為西元 1904、1906 年的兩次全台大地震，致使兩座廟宇毀損嚴重，但當時王得祿的後人有出手來募資重建六興宮，重建地點就選在庄內的正中心，原上帝爺廟址旁。廟宇在聚落空間的分布可以窺探庄內信仰的情況，六興宮自王公館左側遷址重建的廟址正是溪北庄的中心點。從這樣的安排可以看出背後王氏家族的影響力之大，俗話說：「也要神，也要人」，除了黑面三媽本身擁有六庄頭的信徒外，王氏家族管理六興宮的期間也因該家族在地方勢力的影響而讓庄民對於六興宮及黑面三媽的事情較為要緊，反觀玄天上帝則因無人主事而逐漸被庄民所忽略。接著，西元 1941 年，嘉義新營白河一帶發生大地震，經過次巨震，上帝爺廟終倒塌成廢墟，六興宮四垂拜殿前簷也傾潰，後來 1945 年王貫接手六興宮後，便著手整修擴建，而上帝爺廟則因當時財力不足而無力再重建，因而將上帝公請至六興宮內與媽祖共享信徒香火。

經過這一連串的變動後，筆者認為影響庄內信仰中心轉移的第二個原因便是將玄天上帝請至六興宮內共享香火。除先前所提及的，因王得祿的關係促使黑面三媽的影響力在庄內逐漸擴大，其後人因地震導致廟宇毀損之故而將六興宮遷址至溪北庄的正中心重建，接著後來溪北庄因再次遭遇地震，致使原上帝爺廟完全倒塌，六興宮也有所損毀的情況下，庄民將玄天上帝請入六興宮內與黑面三媽共享香火，不再重建上帝爺廟，由此情況得知溪北庄民對於黑面三媽之重視已超越庄頭神玄天上帝。然則，除了此情況外，是否還有其他的原因導致「信仰中心的轉移」，以下筆者將繼續探討。

（三）媒體傳播的力量

民國 78 年（1989）臺灣電視台以「正三媽」靈驗故事拍攝了電視劇，先是拍了「媽祖外傳」，而後又拍攝「三媽再生」、「媽祖後傳」等續集，據傳當時收視率堪稱全台之冠，而當時為何台視會特別來到溪北庄拍攝黑面三媽

〔註 5〕參見「附錄四　江明煌田野調查報告」。

呢？王文科說：

> 媽祖婆會較興的原因就是因為六興宮彼當時請台視來拍電視劇，以
> 三媽做主角，了後黑面三媽的名聲才會傳到台灣各地，因為上帝公
> 較散赤，所以就無法度按呢做，聽說彼當時六興宮開一百二十幾萬
> 請電視台來。〔註6〕

根據王文科的說法，其認為黑面三媽會比玄天上帝興盛的原因是因為當時六興宮邀請台視以黑面三媽為主角來拍攝電視劇，並透過此劇宣傳黑面三媽的「靈驗神蹟」藉以達到吸引更多香客的目的。筆者認為這也許是使三媽香火更加興盛原因之一，電視劇播出後後的確有達成莫大的宣傳效果。此劇的內容台視〈TTV 電視周刊〉亦有相關報導。

> 羅文中製作的「媽祖外傳」是台視接檔歌仔戲「泥馬渡康王」的閩
> 南語古裝神話連續劇。故事以介紹三媽祖陳靜娘得道事略為主線，
> 再穿插媽祖與龍王、龍王太子間的鬥智、鬥法過程，以及陳靜娘得
> 道前的恩怨情仇。〔註7〕

對於當時拍攝的情景，江筱芃告訴筆者：

> 彼當陣佇咧翕的時陣我猶擱細漢，對這件代誌無啥物印象，毋過我
> 知影彼當陣來翕的時陣造成庄內足大的轟動，聽講佇咧演的時陣廟
> 的厝頂攏是人就為著欲看演員，播出了後聽講造成全台灣足大的轟
> 動。〔註8〕

可見當時庄內居民對於電視台來拍攝也感到很新奇，在播出後轟動一時，時人也因此更認識六興宮黑面三媽。當時收視率堪稱老三台之冠，透過媒體的渲染後也為黑面三媽帶來更多的信眾。

從台視以黑面三媽拍攝電視劇的彰顯效果看來，最直接被影響的莫過於溪北庄的居民們，媽祖在臺灣原本就極受信徒的推崇與膜拜，於電視媒體的催發作用下，「六興宮正三媽」、「黑面三媽」遂成為家喻戶曉的名詞，具有救苦救難精神的六興宮黑面三媽也成為臺灣「黑面三媽」的信仰中心，目前香火已遍布全台。〔註9〕越來越多人開始信仰黑面三媽，因此每日都有絡繹不絕的進

〔註6〕參見「附錄二　王文科田野調查報告」

〔註7〕臺灣電視台（1989），〈TTV 電視周刊〉1402 期，頁 93。

〔註8〕參見「附錄九　江筱芃田野調查報告」。

〔註9〕徐裕健建築師事務所（2004），《台閩地區第三級古蹟嘉義縣六興宮調查研究及修復資料》，嘉義縣：嘉義縣政府，頁 2～14。

香團來到庄內，此時也是溪北庄內居民行銷自家農產品的好機會，透過進香團的來訪讓以傳統農產業為主的溪北庄能藉此機會讓更多人看到在地的農產品。

　　接著，我們回到現今的情況來看，除了在民國 78 年（1989）邀請台視拍攝電視劇而大幅增加黑面三媽的曝光度，進而吸引更多信眾外，六興宮的管委會也於 2013 年開始在社群媒體上創立「粉絲專頁」，透過新媒體的形式來經營，時常在粉絲專頁上分享祭祀活動過程的照片，透過網路與全台各地的信徒互動，讓更多人了解六興宮，藉以吸引外地香客來訪。

（四）六興宮的對外交流情況及對庄內的貢獻

　　六興宮建廟至今，累積了不少的友宮會固定來進香，而現今六興宮與各地廟宇的交流情況，江筱芃說明：

> 佇七月份的時陣會去揣佮咱上定互動的宮廟去參訪，順紲了解一下
> 仔個的營運狀況，了解了後就會使佇續落來佮遮的宮廟做攔較密切
> 的互動，保持咱媽祖廟逐個月攏有固定數量的進香團來參訪。〔註10〕

六興宮在每年都會在固定時間拜訪互動最密切的友宮，藉著拜訪的機會來了解各宮廟的營運狀況，也能夠維持黑面三媽的信徒數量，經過去年的統計，現在會固定來六興宮進香的廟宇大約有一萬兩千間左右，透過頻繁的交流來維持穩定的進香團數量，也許是六興宮能夠長年香火鼎盛的原因。

　　除了對外的交流外，六興宮也透過自身的力量來為溪北庄以及新港地區做出貢獻。

> 六興宮一直以來攏有佇咧贊助學校的營養午餐，進前因為疫情需要
> 所以幫新港鄉每一間國小買額溫槍，另外嘛有做額溫測量卡，盡量
> 提供咱在地的學生囝仔攔較濟的資源，予個會當安心學習，嘛會當
> 予家長放心，我認為信仰上大的功能就是「安定的力量」。〔註11〕

從該段敘述可以了解到，地方廟宇藉由自身的能力來為地方上所做出的貢獻。在鄉下地方的小農村，資源的確比不上大城市，此時地方廟宇就扮演一個很重要的角色，適時給予庄內學童幫助，也讓家長不必擔心孩童學習的情況，體現出廟宇在地方上所發揮的最大功能，讓人們感受到「安定的力量」。

　　另外，「以糧代金」政策的推行也為六興宮帶來莫大的改變，以往信徒來

〔註10〕參見「附錄九　江筱芃田野調查報告」。
〔註11〕參見「附錄九　江筱芃田野調查報告」。

廟裡參拜完最後一個步驟都會是拿著金紙到金爐燒金，而現今政府環保意識逐漸抬頭，認為可以使用別的形式來代替燒金紙，因此六興宮在 2013 年 2 月向媽祖請示獲得同意後便成為嘉義縣市首創「以平安米金代替金紙」的宮廟，也因此榮獲文化部評鑑為「古蹟歷史建築管理維護優良單位」。雖然這個政策看似立意良善，不僅能減少燃燒金紙的數量，更能推廣在地新港米的能見度，但若回到民俗學的觀點來看，這樣一個政策背後是否忽略了民間信仰的脈絡？「平安米」需在祭祀的過程中接受香火的薰陶，並在焚燒金紙，結束整個儀式流程後，方能將平安米帶回家煮熟吃平安，若是直接拿「白米」回家並無法代表平安的象徵意義，反倒直接抹煞百年來傳統民間信仰的脈絡。因此筆者認為「以糧代金」該如何與「傳統民間信仰脈絡」間取得一個平衡點？著實需要謹慎思考。

　　接著，從 2021 年 12 月 4 日所舉行的「六興橋動土典禮」（見圖 4-1）更可以看出六興宮管委會為溪北庄所做出的貢獻，六興橋興建於 1991 年，寬度 8 公尺，全長 314 公尺，橫跨朴子溪，連接太保市田尾里與新港鄉溪北村，是溪北庄的重要交通橋樑，然而在 2001 年納莉颱風來襲時，橋下堤防遭溪水掏空，溪水灌入溪北庄，導致庄內淹水，2009 年莫拉克颱風時，溪水更是淹過橋面，導致災情嚴重，加上六興橋已使用三十年，橋面有多處裂痕，對於往來行車來說十分危險。身為新港鄉民代表兼六興宮主委的江筱芃認為，該橋樑是溪北庄對外的重要通道，故需要重新規劃興建以確保安全。

圖 4-1　六興橋動土典禮（筆者攝）

當時擔任行政院長的賴清德因透過卓榮泰前秘書長的安排來到六興宮參拜時，主委便向賴清德爭取此事，希望能夠由中央撥出經費來重建六興橋，賴清德認為，其身為黑面三媽的信徒，有機會能為媽祖婆做事，是十分光榮的，也因此答應了此事，並在其任內提案通過，成功爭取到款項，之後於2021年12月4日舉行動土典禮，正式啟動重建工程。

在此事件中可以看到，六興宮主委利用其身為鄉民代表的身分，為溪北庄爭取重要建設的經費，如此一來不僅能夠改善庄民的生活，更能於六興橋完工後吸引更多的香客來訪，實為一舉兩得，也體現出六興宮管委會對於溪北庄的貢獻。

從以上所提出來的幾個要點來看，可以發現溪北庄內的「信仰中心」正逐漸從玄天上帝轉移至黑面三媽身上，筆者在此援引孔恩（Thomas S. Kuhn）所提出的「典範轉移」（paradigm shift）理論來解釋。首先，我們首要先釐清「典範轉移」的概念，孔恩認為：「常態科學的特徵是典範，科學社群的使命是解答典範認可的謎題、問題。如此這般，直到典範認可的方法無法處理一組異例；危機產生了，直到一個新的成就將研究導入新的軌道，成為新的典範。那便是典範轉移。」〔註12〕那麼將「典範轉移」套到以上例子中來看，筆者在前文將上帝爺廟定義為庄內的信仰「典範」，然則，六興宮出現後，除了透過王得祿個人的地方政治威望以及媒體拍攝電視劇所形塑出「黑面三媽靈驗」形象，增加了不少信眾外，加上後來管委會對於地方所做出的貢獻，如讓庄內的孩子在下課後能夠有一個可以待的地方，讓還在工作的父母能夠安心，以及管委會在社群媒體上經營粉絲專頁藉以增加六興宮及黑面三媽的曝光度，透過祭祀活動照片的分享來讓更多人認識黑面三媽，得以吸引更多信眾。加上六興宮主委利用其身為新港鄉民代表的身分來向中央爭取六興橋重建經費，從以上種種事件可以看到，透過黑面三媽本身的靈力與管委會的努力所做出的貢獻，讓庄民感受到生活因此能夠更為改善。

除此之外，更重要的是六興宮管委會將北管溪北六興軒重現於庄內，也計畫在庄內蓋一間媽祖文物館，讓這些曲館與武館文物能夠完整的保留下來，將傳統技藝之美呈現給後代欣賞，此貢獻為後代立下一個新典範，讓更多人能夠追隨黑面三媽的腳步。

〔註12〕孔恩（Thomas S. Kuhn）著；程樹德、傅大偉、王道還譯（2017），《科學革命的結構》，台北市：遠流，頁 XIX。

二、鎮武宮的創建緣由與發展

（一）鎮武宮的創建緣由

根據溪北鎮武宮於廟內石碑上的玄天上帝沿革記載：

> 本宮玄天上帝早年奉祀在六興宮正殿內，後來眾村民感念玄天上帝
> 靈顯，可說是溪北村開村之庄神，又是溪北眾弟子祖先共同信仰之
> 神尊，然後在民國七十八年間請出神尊，建造新廟，受溪北弟子及
> 全省各位善男信女熱心贊助之下，在本境江明煌、徐忠誠、李明泰、
> 翁瑞鴻、林文樹等協助策劃，在於歲次丁丑年二月二十二日西元一
> 九九七年，舉行安座大典香火延續萬年。〔註13〕

從記載上可以看到，溪北庄民將玄天上帝於民國七十八年（1989）從六興宮請
出來，另建新廟供奉，然而，為何會突然要將玄天上帝請出六興宮呢？筆者訪
問了當時將玄天上帝請出來的徐忠誠，其說明：

> 彼當陣我咧做六興宮的主委，上帝公的童乩走來揣我講伊想欲出來
> 家己發揮拍拚啦，落尾說煞我就叫伊先退駕，若有需要才閣來廟內
> 底起駕，尾仔伊真正攔來廟內底起駕三改，遐的老輩就講叫我佮伊
> 請出去。隔轉工我就佮伊請出來媽祖廟頭前的廟埕予上帝公家己發
> 揮，幫人辦代誌，攏有辦佮足順利，大家開始答謝上帝公，慢慢就
> 有經費了。〔註14〕

上帝公的乩身起駕於六興宮內，向徐忠誠表明自己想離開六興宮獨立出來發
揮，前後又起駕了三次來表明意願，後來徐忠誠便將玄天上帝請出廟中，才
終於離開六興宮。玄天上帝獨立出來後，開始幫人家辦事情、處理事情，後
來因為幫人家辦事情都辦得很順利，便開始慢慢有經費。透過這第一點可以
看到，玄天上帝當時很堅定地想離開六興宮出來獨立發揮，何以會有這樣的
念頭？

《鎮武宮沿革簡介》中記載：

> 民國 70 年代，由於政府有力的領導和百姓認真打拼，台灣工商經濟
> 有相當大的進步，然社會上卻風靡一股簽大家樂，金錢遊戲的旋風，
> 民眾樂此不彼，歪風邪型，以致工作意願降低，風波四起，影響之

〔註13〕參見鎮武宮殿內的「溪北鎮武宮玄天上帝沿革」石碑。
〔註14〕參見「附錄五　徐忠誠田野調查報告」。

大。民國 78 年（1989）村人徐忠誠（時任六興宮主委）睡夢中或上
帝爺指示要離開六興宮，自成香火，以導正社會亂局，助財利、安
民心。〔註15〕

上面所記載的原因是當時大家樂風氣盛行，致使整個社會風氣混亂，大眾沉迷
於大家樂而降低工作意願，此時玄天上帝身為庄頭神，因擔憂庄人會因此而沉
淪，故顯靈表示要出來獨立發揮以導正庄內的風氣。

　　接著，看到第二點，玄天上帝自六興宮獨立出來後，便開始替庄人辦事情、
讓人家請教，至於是請教什麼事？徐忠誠說：

當年上帝公予請教上濟的代誌是破病的問題，因為較早醫術無發達，
所以佇庄跤大家身體若有無爽快攏會想欲去求神明，彼當陣上帝公
就是因為掠藥仔很靈，所以慢慢大家就真信伊。〔註16〕

自報導人敘述得知，當年上帝公被請教最多的事情是有關於病痛治療的問
題，因為上帝公所指示的處方籤十分靈驗，因此獲得庄內許多信眾的信服。
然則，比較沿革簡介以及徐忠誠的口述來看，似乎有些疑問，若當時玄天上
帝主張要獨立出來最大的原因是因為想要導正時人風靡大家樂的亂象，那為
何真正開始出來替庄人辦事情時卻主要是處理疾病相關的問題呢？筆者曾
針對此一疑問再度訪問徐忠誠，不過其似乎無意談論此問題，故真實情況為
何不得而知，僅能確定的是上帝公最後成功自六興宮獨立出來發揮並且建新
廟奉祀。

　　至於玄天上帝為何會選在此處蓋新廟，江明煌說：

因為鎮武宮這塊地較早是一個「堀仔」，尾仔因為欲起鎮武宮所以共
填起來，這塊地佮媽祖廟彼塊地攏是上帝公地，所以上帝公才會選
佇遮起新廟自己發揮按呢。〔註17〕

《從小地名尋找溪北村歷史容顏》〔註18〕對於此處也有相關記錄：

「六興宮」右前方路對面原是一水塘，昔日村民在此養魚、浴中、
洗衣，夏日水滿，由尾厝排水溝宣洩到「大圳跤」之「地涵」，經「三

〔註15〕溪北鎮武宮管理委員會（2004），《溪北鎮武宮沿革簡介》，嘉義：溪北鎮武宮
　　　　管理委員會，頁 26。
〔註16〕參見「附錄五　徐忠誠田野調查報告」。
〔註17〕參見「附錄四　江明煌田野調查報告」。
〔註18〕李麗真（2003），《從小地名尋找溪北村歷史容顏》，中央研究為歷史語言研究
　　　　所「台灣省村里以下地名普查」，未出版。

抱竹仔」注入「新崩溝」，民國 67 年左右填土建「鎮武宮」，奉祀主
神玄天上帝（溪北開庄之神），民國 86 年 3 月 3 日安座大典，為溪
北第二座大廟宇。

透由上述的口述與記載可以了解，原鎮武宮之地為一個「堀仔」後來因為要蓋
新廟，故庄民將此地填平，興建完成後將玄天上帝請入並奉為主神。

帝爺乩子吳三興亦奉神明諭示，要從村中選出數十名籌備委員，推動此
事，由徐忠誠、林耀宗、蔣金山……等主持，並於該年吉時，正式從六興宮請
出帝爺聖尊，移駐廟右前方，臨時行宮暫蹕。〔註19〕自此玄天上帝正式從六興
宮獨立出來，另建新廟供奉，經過數年的募款與籌劃，終於在民國八十七年丁
丑二月正式安座落成，廟名吉取「鎮武宮」。

（二）鎮武宮的管理委員會

鎮武宮在新廟落成後，一開始是先組織籌備委員會，並無特別推派誰出來
擔任主任委員，直至民國 93 年（2004）才組織第一屆的管理委員會，由徐忠
義擔任主任委員、林添發擔任副主任委員，在首屆管委會成立時，獲得陳水扁
先生所敬獻的匾額「聖德顯揚」（見圖 4-2）表彰鎮武宮當時贊助溪北圖書館硬
體設立。另外，時任國會議員的蔡啟芳先生也在主委徐忠義的邀請下，出任首
屆廟務總顧問一職。現在已是第五屆管理委員會，由江石柱擔任主任委員、江
明煌擔任副主任委員。

圖 4-2　陳水扁先生所敬獻的匾額

參選鎮武宮的管委會條件，江石柱說：

〔註19〕溪北鎮武宮管理委員會（2004），《溪北鎮武宮沿革簡介》，嘉義：溪北鎮武宮
　　　管理委員會，頁 26。

　　　咱委員會是政府協助組成的，選舉制度是四冬選一擺，參選的人要
　　　是上帝公的信徒，而且是咱溪北庄的人才有資格。〔註20〕

與六興宮管委會的參選條件最大的不同為六興宮是聯合其他庄頭一同興建，
故其他庄頭的人也可來參選管委會，但鎮武宮因是溪北庄頭廟的緣故，所以參
選人只限定為溪北庄民。

　　　從鎮武宮成立管理委員會的情況來看，可以發現宮廟背後的政治影響力，
陳水扁贈與鎮武宮的匾額直至今日仍高高懸掛在鎮武宮正門口的梁柱之上，
該廟宇所做的貢獻曾獲得總統的認可，讓信眾對於玄天上帝的信仰更加虔誠，
另外，邀請當時的國會議員蔡啟芳來擔任總顧問一事更為明顯，當年的蔡啟芳
在嘉義地區的影響力不容小覷，由其來為鎮武宮玄天上帝的神威背書，更能增
加鎮武宮在當地的知名度，從這兩個事件中體現出「也要人、也要神」的緊密
關聯。

　　　另外，現今鎮武宮也還保留有選爐主的舊慣，條件一樣是只限定在溪北庄
民，且會於每年上帝公誕辰祭祀前一日在現任爐主家跋桮選出新爐主，不過因
為現在大部分的事情都已經由管理委員會來主理，因此爐主的工作只需要在
每年農曆三月初二將上帝公請回廟裡，等三月初三祭祀結束後在請回新爐主
家，以及在正月十五云庄的時候幫忙掌旗等事務即可，並不需要特別參與其他
事務。

　　　鎮武宮的管理委員會組織與六興宮一樣，一個管委會固定共二十人，委
員會十五人、監事會五人，委員平常就有分組織，分成總務組、會計組、營
繕組、祭典組、接待組共五個組別，那比如說接待組的有外客來就由接待組
出來接待，祭典組就是神明生日的時候要出來負責處理，營繕組就是如果廟
裡有什麼需要整修的地方就是交給他們處理，總務組跟會計組就是負責支出
審核的部分。另外監事委員就是負責來審查委員會的提案，評估是否這個提
案能夠成立並執行。〔註21〕而鎮武宮平時的廟內外清潔、點香以及外來香客
參拜介紹則另外有請一位廟公來負責，廟內也有參拜流程圖（圖4-3）可供外
來香客參考，管委會則是在重大節日時會出來主持，例如農曆正月初一的新
春祭祀、正月十四的上帝公安五營、正月十五的云庄以及三月初三的上帝公
誕辰。

〔註20〕參見「附錄七　江石柱田野調查報告」。
〔註21〕參見「附錄七　江石柱田野調查報告」。

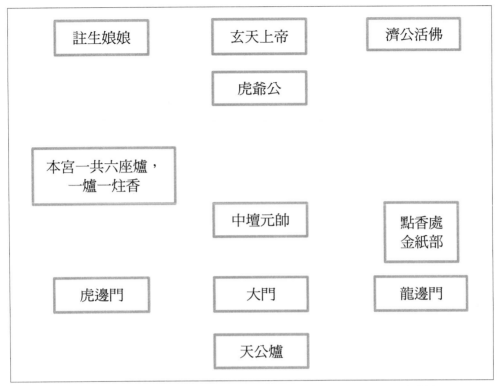

圖4-3　鎮武宮參拜流程圖（筆者參考鎮武宮參拜流程自繪）

（三）鎮武宮現今的信仰情況

鎮武宮作為本庄的庄頭廟，與外面宮廟的交流情形，江石柱說明：

> 咱上帝公從來無出去過，攏是買一寡仔日誌提出去送與別間宮廟按
> 呢爾爾，較無佮別間宮廟咧交流啦。〔註22〕

從報導人口中得知，鎮武宮的信仰範圍較侷限於溪北庄內，與外地宮廟較無交流，雖說上帝公從沒到外地拜訪過其他宮廟，但在每年農曆三月初三玄天上帝誕辰時仍有外地宮廟前來祝壽。而在溪北庄內，鎮武宮作為庄頭廟，每年的玄天上帝誕辰庄民仍然相當重視，也會準備許多牲禮來祭祀，安五營以及隔日的云庄活動庄民也會積極地動員參加，從上述種種其況可以看出，雖早期玄天上帝供奉於六興宮內，較無法發揮，然則在其獨立出來發揮後，因讓庄內居民感受到玄天上帝神力的展現令眾人信服。使玄天上帝在溪北庄的地位再次鞏固。

然而，鎮武宮的信徒大多是庄內居民，那要如何吸引更多外地信徒來到鎮武宮參拜，林文樹說：

〔註22〕參見「附錄七　江石柱田野調查報告」。

> 拄開始是想講是不是會當將咱鎮武宮佮上帝公的相片囥佇網路頂
> 懸，予攔較濟人知影咱鎮武宮，然後就會來參拜，拄開始主委因為
> 無知影這是啥物所以無答應，但是落尾我就慢慢說服他講咱揣人來
> 做看覓，嘛袂開偌濟錢所以他就答應阿。〔註23〕

鎮武宮的管委會為了要吸引更多外來的香客前來參拜，採取了使用社群媒體
推廣的方式讓更多人知道，雖才剛起步，不過已經可以看到一些成效，根據筆
者的觀察發現，開始採用社群媒體推廣後，除了玄天上帝的進香期原本就會前
來參香的宮廟外，現在假日期間也會有外地宮廟前來參香，且次數頻繁，這樣
的情況顯現出鎮武宮的信仰範圍有逐漸擴大的趨勢，展現出地方廟宇將從傳
統的經營方式逐漸轉型成新型態廟宇經營，透過網路力量的渲染能夠讓更多
外地信眾能夠認識鎮武宮，進而吸引更多進香團前來。

（四）鎮武宮的祀神

鎮武宮的主祀神為溪北庄的庄頭神玄天上帝，另外在左右兩側則同祀濟
公活佛及註生娘娘，主殿的正下方則有供奉虎爺，而正殿桌上則供奉中壇元
帥，每年也會於眾神佛誕辰時舉行簡單的祭祀活動（見表4-1）。

表4-1 鎮武宮年度祭祀表（2021年版）

祭祀節日	農 曆	國 曆	地 點	時 間
新春祭祀	正月初一	2/12	鎮武宮	當日子時
上帝公安五營	正月十四	2/25	溪北庄	當日午時
溪北庄云庄	正月十五	2/26	溪北庄	當日午時
濟公佛辰	二月初二	3/14	鎮武宮	當日子時
玄天上帝萬壽	三月初三	4/14	鎮武宮	當日子時
註生娘娘千秋	三月二十	5/1	鎮武宮	當日子時
虎爺公聖誕	六月初六	7/15	鎮武宮	當日子時
中元普渡	七月二十	8/27	鎮武宮廟埕	當日午時
中壇元帥千秋	九月初九	10/14	鎮武宮	當日子時

在鎮武宮所供奉的神祇之中，屬中壇元帥的供奉緣由與玄天上帝最為密
切，根據《台南州寺廟名鑑》記載：

> 庄內上帝爺廟內所奉祀的太子爺信仰為林吉等的祖先發起創立，然

〔註23〕參見「附錄十　林文樹、王聰義田野調查報告」。

而其發起年代不明。〔註24〕

從記載中可以得知，中壇元帥在原上帝爺廟內便有供奉，且有太子爺會來管理，而在鎮武宮建立後，也將中壇元帥一同請進廟內共享香火（圖4-4）。

圖4-4　正殿桌上的中壇元帥金尊（筆者攝）

最早跟隨先民渡海來台的玄天上帝金尊現今仍完整地保存在鎮武宮內（圖4-5）筆者在前述曾探討過開基玄天上帝金尊的緣由，溪北庄內的玄天上帝金尊據報導人說法約在嘉慶年間由先民請至臺灣，並一直保存至今，雖與史料記載有所出入，不過仍可確定該金尊就是本庄的開庄之神。

圖4-5　玄天上帝金尊（筆者攝）

〔註24〕（日）相良吉哉（1933），《台南州寺廟名鑑》，臺灣日日新報台南支局出版，頁177。

　　除了最古早的這尊玄天上帝外，另外還有一尊「鎮殿」的玄天上帝，該尊玄天上帝主要是在庄內祭祀活動時會被恭請出來，林文樹說明：

> 彼尊上帝公是咱「鎮殿」的玄天上帝，毋過因為進前有一陣仔沒予請出來，是前一陣仔有一擺予請出去做客才發現講伊的喙鬚毋知影啥物時陣已經長到跤邊，聽講這個著是因為神明真正有蹛佇神像內底，所以喙鬚才會變長。〔註25〕

筆者親自前往調查，請廟方人員請出該尊上帝公後發現，果真如報導人所說，鬍鬚已經長至上帝公的腳下（圖4-6），信眾認為神尊的鬍鬚會變長是因為神明真的有住在裡面，所以才會出現這個現象，這樣神蹟的展現也讓當地信眾更加信服上帝公。

圖4-6 「鎮殿」玄天上帝金尊（筆者攝）

三、溪北庄的祭祀活動

　　在本節當中筆者將會針對庄內五大重要祭祀活動，分別為農曆正月十四的「安五營」、正月十五的溪北庄「巡庄」、三月初三的「玄天上帝誕辰」、三

〔註25〕參見附錄十　林文樹、王聰義田野調查報告。

月廿三的「黑面三媽誕辰」、七月廿十的「中元普渡」來作探討與紀錄，呈現
出溪北庄更加完整的信仰情況。

（一）安五營

　　玄天上帝作為庄內的庄頭神，掌管著庄內五營兵將，在每年的正月十四日
庄內均會舉行安五營的儀式，關於五營信仰，李豐楙指出：

> 現存於臺灣以及中國西南地區的五營信仰，特別是在臺灣漢人社會
> 普遍存在，可以與土地信仰並行，成為營衛生存境域的象徵。〔註26〕

黃文博也提及：

> 臺灣因係移民社會，信仰沿襲原鄉中國，自是承襲這套五營信仰於
> 生活中；不過，後來也因地制宜，逐漸在地化，形成臺灣民間信仰
> 的重要元素，尤以王爺信仰和聚落（庄頭；自然村落）的結合，更
> 突顯臺灣五營信仰的本土化。〔註27〕

臺灣因是移民社會，故五營信仰皆為先民自原鄉帶來，而到臺灣後因各地發展
不同而逐漸本土化，形成各式的五營信仰。在離島澎湖、金門以及臺灣本島的
中南部地區五營信仰皆是普遍的無形文化，李豐楙再說明：

> 在台灣大多數的村社，藉由五營信仰而圈定村里的境域，又配合村
> 廟、社祠或土地公廟，就可界定合村村民的地方歸屬感。這種具體
> 可見的信仰，背後支持其長期存在的，就是「中央—四方」的空間
> 模型，寓含了穩定、秩序的宇宙觀。〔註28〕

設立五營的主要目的便是明確的界定村里的境域，以及藉由安五營來讓庄民
認同地方並產生歸屬感，並寓含了穩定庄頭安全的意義。

　　一般來說五營會分成內五營及外五營，溪北庄的五營則為「外五營」，外
五營是以庄廟為中心，分布於庄頭五方的營寨，總兵31萬，另有軍馬3萬1
千，為庄頭的防衛部隊，其營寨位置，多選擇五方要道的出入口、交叉口、轉
彎處或制高點安設，互為犄角，以使邪魔惡煞不得其門而入；其中，中營通常
安設於庄廟前後或庄頭中央。〔註29〕溪北庄的中營便是安設於庄頭中央，如圖

〔註26〕李豐楙（2010），〈「中央—四方」空間模型：五營信仰的營衛與境域觀〉，《中
　　　　正大學中文學術年刊》2010年第一期，頁33。

〔註27〕黃文博（2004），《南瀛五營誌　溪北篇》上卷，台南縣：台南縣政府，頁32。

〔註28〕李豐楙（2010），〈「中央—四方」空間模型：五營信仰的營衛與境域觀〉，《中
　　　　正大學中文學術年刊》2010年第一期，頁34。

〔註29〕黃文博（2004），《南瀛五營誌　溪北篇》上卷，台南縣：台南縣政府，頁34。

4-7 所示，可以看見其外型為小祠式，如同小廟一般，屋頂則有中壇元帥李哪吒的造型。

圖 4-7　溪北庄的中營（筆者攝）

　　溪北庄五營皆有設置，十分齊全，皆為小祠式營厝，皆有貼磚瓦，且於門楣上刻營稱，並於大理石面刻上金字對聯，其內容如下：

> 東營──東風春暖耕讀好，營盼豐收出頭天。（橫批）：麒麟迎日。
> 西營──西望田水透天際，營謀子孫慶家齋。（橫批）：見龍在田。
> 南營──南陽高升文明盛，營轄普照氣象新。（橫批）：鶴自南來。
> 北營──北圳嘉南源流遠，營境虞溪萬世榮。（橫批）：鯤海智深。
> 中營──中帳將勇護五路，營內兵壯衛四方。（橫批）：保村佑民顯神
> 威。

　　庄內的各營主帥（元帥）依「東西南北中」的次序，各營統帥為：張、蕭、劉、連、李，令旗顏色則為「青紅白黑黃」自建有五營開始不曾改變過。於每年農曆正月十四日固定會舉行「安五營」，為何會固定在那天，筆者請教了江石柱，他說明：

因為前一工愛先佮五營兵將安頓好啊，隔轉工云庄才會順利，安五
營是無論如何攏愛舉行的，無論政府的政策攔按怎禁止，咱攏一定
要做這件代誌，因為遮是守護咱庄內的兵將，逐冬攏一定愛由上帝
公去點兵，確定有充足的兵力會當保護庄頭的安全。〔註30〕

從其說明可以發現，庄民十分重視「安五營」這項祭祀活動，無論在什麼情況
下都要舉行安五營，體現出庄民的同庄意識，因為相信庄頭神與眾兵將會保護
庄頭的安全，故無論如何必須要執行此項祭祀，以維持庄內接下來一整年的安
穩。

　　在正月十四日當天下午一點，鎮武宮主事者，會請出令旗、請神明、獅陣
頭，銜命到五營各營地，換新的五色紙紮的軍馬及竹符（竹子上綁有紅布金紙
再貼上令符），並燒上壽金、福金、刈金、甲馬等犒賞兵馬兵將。〔註31〕

　　當日要至五營各營地前，鎮武宮管委會成員以及玄天上帝乩身吳三興會
在鎮武宮內準備，請上帝公降駕主持安營儀式（圖4-8）

圖 4-8　上帝公降駕點兵（筆者攝）

　　待上帝公點兵完畢後，便會到廟埕前換上新的五營令旗，接著便由主事者
以及獅陣帶領依序到各營地安營，然而在前往東營前，會先在六興宮前拜廟告
知（圖4-9）之後再依序到各營去為眾兵將換上新令旗及五色紙紮軍馬，待五
營全部走完一輪後回到廟內便結束安營儀式。

〔註30〕 參見「附錄七　江石柱田野調查報告」。
〔註31〕 蔣月霞、李麗真、王振坤、李德住著（2011），《溪北田水──嘉義縣新港鄉溪
　　　　北社區──紀事探源》，嘉義縣新港鄉溪北社區發展協會，頁21。

圖 4-9　獅陣及五令旗於六興前拜廟（筆者攝）

（二）巡庄（ûn-tsng）

　　每年的農曆正月十五日，也就是元宵節當天，溪北庄內均會舉行「巡庄」活動，由庄內三大公廟：六興宮、鎮武宮、清水殿聯合舉辦，然而今年因為疫情的緣故，無法舉辦，在無法實際參與的情況下，筆者將會透過訪談口述以及找尋先前的「巡庄」照片來參考，以建構「巡庄」時的情況。

　　在談論庄內的「巡庄」活動之前，將先針對「巡庄」（ûn-tsng）一詞來做定義，一般來說，比起「巡庄」較為常聽到的名詞為「繞境」。繞境的成因，一是民間信仰的神明如同人間政府官僚體系的地方官員，有其行政區域，需要定期巡視轄區。二是信徒相信每一位神明的保佑能力僅在其轄區範圍內。〔註32〕因此每個地區均會定期舉行遶境活動，然而，在溪北庄眾神明所巡視的範圍僅在自己的庄頭，故稱之為「巡庄」。

　　每年「巡庄」時，是庄內主要的三大廟主神一同出現的重大日子，云庄的經費來源則是以「抾丁錢」的方式來籌措，較早咱若欲云庄，攏是看一戶有幾個查埔就抾幾丁，查某就毋免抾。〔註33〕直至現今仍然有撿丁錢的舊慣。

　　巡庄時間則從下午一點直至傍晚六點，至於範圍的部分，江筱芃說明：

> 咱溪北庄這馬主要有鎮武宮、六興宮佮清水殿三間大廟，巡庄的時攏是由村長手提黑令旗，做總指揮，看村長按怎鎮武宮就按怎行，六興宮佮清水殿就綴著行，巡庄的範圍就是溪北庄規個庄頭踅一輾了後才攔轉來。時間是正月十五下晡一點才出門，歸個流程大概會佇下晡六點的時結束，入殿的順序是清水殿、鎮武宮、六興宮。〔註34〕

巡庄的流程是由村長帶領三大公廟前進，依序是鎮武宮、六興宮與清水殿，範圍則是整個溪北庄遶過一圈，神轎能夠進得去的巷弄都會進去，整個流程約莫五個小時左右結束。

　　在整個流程結束鑾轎要進到廟裡時，須連續敲鑼打鼓，在黑令旗的指揮下，行三進三退之儀禮後才進去。稱之為「犁轎」。而在犁轎時，在轎班底下會連續施放炮竹，在煙霧的籠罩下，看不見任何東西，只見神轎來回迅速的移動，此為整個云庄過程中最精彩的時刻，等神轎進入廟內後會立刻將大門關閉，請誦經團念安座經，之後再將神像請回原座，待廟門打開後，整場云庄便到此結束，因為最後一站是六興宮，故犁轎儀式會在六興宮廟埕前舉行。

　　「巡庄」活動庄內居民參加的情況踴躍，大家都希望能夠透過云庄的方式來祈求在新的一年能夠更好，因為是三間公廟的主神一同出巡，且範圍環繞了整個庄頭每一戶人家，更能讓居民確切的感受到神明的庇佑，云庄活動體現出信仰最大的功能，也就是「安定的力量」。

〔註32〕臺灣大百科全書，https://nrch.culture.tw/twpedia.aspx?id=1908，最後查詢日2021年10月25日。
〔註33〕參見「附錄三　王瑞戊田野調查報告」。
〔註34〕參見「附錄九　江筱芃田野調查報告」。

圖 4-10　民國 104 年巡庄情況（筆者翻攝）〔註 35〕

（三）玄天上帝誕辰

　　農曆的三月初三為玄天上帝的誕辰日，因此在三月初二的子時鎮武宮便會開始舉行祝壽大典，由村長、爐主以及管委會成員帶領來舉行。至於當日的祭祀，江明煌說：

> 通常佇前一工子時就會開始祝壽，主要是由委員會來主持，村長佮爐主猶擱有一寡仔善男信女攏會作伙來參加。隔轉工三月初三時，對透早開始庄內的善男信女就會來拜拜按呢，嘛會有一寡外地的宮廟會來祝壽，另外，嘛會做大戲，前一工就會開始做扮仙戲，隔轉工才會做大戲，佇初三彼工會到爐主家請上帝公轉來過生日，一工

〔註 35〕溪北六興宮官網，http://www.liousinggong.org.tw/album.asp，最後查詢日：2021 年 11 月 2 日。

了後才攔送轉去，流程差不多就是按呢。〔註36〕

在三月初二的子時，祝壽大典正式開始，在村長、管委會以及爐主的帶領下，由副主委念祝壽疏文及流程（表 4-2），眾人跟著流程走（圖 4-11），典禮進行約莫一個小時結束。

圖 4-11　鎮武宮祝壽大典情況（筆者攝）

表 4-2　鎮武宮玄天上帝祝壽流程

天運歲次辛丑年農曆三月初三日 恭祝鎮武宮北極玄天上帝聖誕萬壽 聖壽無疆　聖聖壽
1. 典禮開始（鳴炮）。
2. 主任委員就位，委員、監事、善男、信女就位。
3. 鐘鼓交鳴　全體肅立（一鐘二鼓 36 遍）。
4. 行三上香（分香）　上香祈求風調雨順　國泰民安。 　　二上香　恭祝北極玄天上帝神威顯赫，列位文武眾神尊，香火鼎盛。 　　三上香　保佑眾弟子闔家平安萬事順利「集香」。
5. 行五獻禮、獻花、獻果、獻茗、獻壽麵壽桃、獻財帛。（主任委員江石柱、常監、村長請「就位」請「復位」）
6. 恭讀祝壽疏文。
7. 恭向北極玄天上帝　列位文武眾神尊　行三跪九叩首。
8. 恭焚祝壽疏文。
9. 恭向玄天上帝文武眾神尊行三鞠躬禮。
10. 禮成鳴炮、鐘鼓交鳴、恭化財帛。

〔註36〕參見「附錄四　江明煌田野調查報告」。

在鎮武宮廟埕前也可見歌仔戲團在演「扮仙戲」（圖4-12）。

圖4-12　歌仔戲團演出「扮仙戲」（筆者攝）

至於何時會到爐主家裡請上帝公回廟裡過爐，江石柱說：

> 佇前一工請爐主個兜的上帝公轉來過爐啦，初二請轉來廟內，一直
> 到初六閣再請轉去爐主個兜按呢，像轉來後頭厝全款。〔註37〕

在出發去爐主家前，廟內會先將上帝公的神轎請出來（圖4-13）再推著神轎到
爐主家將上帝公（圖4-14）接回廟裡過爐。

圖4-13　鎮武宮玄天上帝神轎（筆者攝）

〔註37〕參見「附錄七　江石柱田野調查報告」。

圖 4-14　爐主與副爐主家所供奉的玄天上帝（筆者攝）

　　隔天三月初三正日時，早上八點就會有庄民準備三牲供品及外地宮廟前來祝壽，另外在廟埕也可看見布袋戲的演出（圖 4-15）整天的祝壽活動約會於下午六點左右結束。整個流程結束後，鎮武宮的管委會在農曆三月初五時，會於廟埕前舉辦「平安宴」。若要參加的人須繳 500 塊錢給管委會，就可以一起來吃平安宴。

圖 4-15　布袋戲祝壽演出（筆者攝）

（四）黑面三媽誕辰

溪北六興宮的黑面三媽是屬於聯庄信仰，因此除了溪北庄外，現存的其於三個庄頭：月眉、月潭、安和三個庄頭的居民也會來六興宮為媽祖祝壽，在媽祖誕辰正日，農曆三月廿三之前便開始會有誦經團來為三媽送經祝壽，如今年的農曆三月廿一日晚上八點便有嘉義水上三祝宮的誦經團來，而隔日的晚上十一點開始至深夜一點則由六興宮誦經團來誦經祝壽，且同時舉行祝壽大典。（圖 4-16）

圖 4-16　六興宮祝壽大典情形（筆者攝）

典禮的流程與鎮武宮相仿，主任委員、委員及監事就位後，鐘鼓交鳴 36 遍，行三上香，祈求風調雨順、國泰民安，之後再由各委員獻上五獻禮，由司儀恭讀祝壽疏文後再行三跪九叩首之禮，之後便禮成。整個過程大約一個小時左右，雖然簡單卻不失莊重。

隔日三月廿三早上十點鐘，委員會及各善男信女再次於六興宮內進行祝壽團拜活動，之後便陸續有個地的宮廟前來祝壽。下午 2：30 及 6：30 於廟埕前分別各有一場扮仙大戲的演出，另外也會邀請溪北六興軒北管團來演奏北管。

（五）中元普渡

溪北庄的中元普渡時間為農曆七月二十日，在當日下午兩點鐘開始祭祀，庄內除了各家會「私普」外，庄內也會舉行「公普」活動，所謂公普，也就是

中元祭，各村落都要在同一天以同一個寺廟為中心舉行祭典。〔註38〕溪北庄在以往的「公普」時都會在鎮武宮前面進行，由庄內的「好兄弟會」來主持，關於「好兄弟會」的緣由，筆者請教了去年的好兄弟會爐主王國松：

> 彼足久進前就有阿，我猶是囝仔的時陣就有了，嘛無知影到底是啥物時陣成立的，較早猶擱有「吃會」，尾仔予人倒會，較早七月二十攏會辦吃會。〔註39〕

自上述可知，「好兄弟會」這個組織在很早期便已成立，不過確切時間並無人知曉，僅知該會一直以來都主持著溪北庄內的普渡事宜。

關於好兄弟會所負責的事務，林清山說：

> 咱攏固定佇農曆七月二十的時普渡，算是咱庄內的公普，較早普渡攏會有一個『好兄弟會』出來主持，佇普渡進前庄內就會抾丁錢，用遮的丁錢請人來做大戲，通常攏佇廟埕遮做，彼時陣大家就會共厝內的桌仔搬出來囥供品作伙拜拜。〔註40〕

江筱芃也說明：

> 彼個「好兄弟會」聽老一輩的講就是彼當陣庄內大家互相召集，想講成立一個會，普渡的時陣就由個出來主持按呢，個是一個獨立的組織，無屬於六興宮抑是鎮武宮。〔註41〕

溪北庄流傳著一個古老的組織，為「好兄弟會」。其成立緣由無人知曉，僅知該會歷史十分悠久，是一個獨立的組織，並非屬於任何一間廟宇所掌管，在每年中元普渡時便會由「好兄弟會」出來主持整個祭祀典禮，也會有撿丁錢來請人做大戲與選爐主的舊慣。

> 彼個爐主喔，較早是好兄弟會的成員大家作伙跋桮來選的，做過一擺爐主了後就袂使擱做第二擺，因為較早有四、五十個人佇咧選，所以用輪流的，這馬只剩五、六個人願意出來選爐主爾爾，像我就是舊年的爐主。〔註42〕

從「好兄弟會」選爐主可看出近年的情況有所改變，早年在選拔爐主時人數約

〔註38〕（日）鈴木清一郎著；馮作民譯（1989），《增訂台灣舊慣習俗信仰》，台北市：眾文圖書，頁589。

〔註39〕參見「附錄八　王國松田野調查報告」。

〔註40〕參見「附錄六　林清山田野調查報告」。

〔註41〕參見「附錄九　江筱芃田野調查報告」。

〔註42〕參見「附錄八　王國松田野調查報告」。

有四、五十個人在選，因此是採輪流擔任的方式，而近年卻僅剩五、六個人願意出來選爐主，顯現出「好兄弟會」已不如往昔那般有能力再出來獨立主持庄內的公普，或許是今年開始找上六興宮幫忙協助普渡的原因。

> 因為「好兄弟會」的成員一冬比一冬少，所以一開始是想說問鎮武宮看敢會當鬥相共，毋過鎮武宮的主委敢若無這個意願，落尾王國松就來揣我參祥，想欲請六興宮來鬥相共主持普渡活動，個先去跋桮問上帝公的意思，落尾上帝公有同意，所以好兄弟會老輩的成員才會來揣我鬥相共。〔註43〕

好兄弟會的成員人數逐年減少，且大家年事已高，晚輩或許也沒有在庄內可以幫忙張羅，因此才決定要找庄內公廟幫忙，一開始是去問鎮武宮是否能幫忙，然則鎮武宮那邊似乎沒有這個意願，因此才去找六興宮主委談。不過，因庄頭神是玄天上帝，故在去找六興宮幫忙前仍需先詢問上帝公的意見，獲其同意後才能夠去找六興宮幫忙。就筆者所了解，以往好兄弟會在主持庄內公普時都是在鎮武宮的廟埕前面舉行，推斷因此緣故所以才會想去找鎮武宮幫忙，但為何鎮武宮的主委沒有答應？筆者卻無從得知其原因，僅知後來是六興宮幫忙好兄弟會共同主持普渡。雖然好兄弟會並不隸屬兩大公廟，但在做重要決定之時仍是以庄頭神的指示為準，顯現出玄天上帝在庄民心中仍占有一定重要程度的地位。

圖 4-17　好兄弟會香爐（筆者攝）

　　好兄弟會本也有個香爐，這個爐會跟著爐主走，往年普渡之時便會由爐主將金爐請出至神壇上，結束後再由爐主帶回家。但因為今年開始決定要找六興

〔註43〕參見「附錄九　江筱芃田野調查報告」。

宮協辦的關係，故將該爐安置於六興宮內，等到普渡時再請出來（圖 4-17）。

　　普渡當日，庄內居民若有要參加公普的，會在下午兩點鐘至六興宮廟埕前聚集，再由誦經團的法師及六興宮委員會、好兄弟會帶領，開始祭祀儀式，由法師來念疏文（表 4-3），眾善男信女跟拜，之後再統一焚燒金紙，結束整個流程。

表 4-3　慶讚中元普渡祈泰會文疏

慶讚中元普渡祈泰會文疏

伏　以

玉露慈雲之施　蟾光射映為蒸嘗享祭之祈

金風法雨之奇　盂蘭盆開乃無遮濟明之日

披露丹園　仰叩慈容　一泖天下　南瞻部洲　　今據

大中華民國臺灣嘉義縣新港鄉溪北村 65 號溪北六興宮伽藍相奉

佛　啟建慶讚中元普渡群靈植福延禧祈泰勝會　集會主事

管理委員會主任委員：江筱芃，副主任委員：蔡萬歷

總務：李靄橄，副總務：吳滋恩，委員：王聰義，主計：王國松

副主計：黃清富，祭典組長：侯其山，祭典委員：林柏威

營繕組長：林松金，營繕委員：林雍傑，接待組長：王忠猛

接待委員：王瑞全、李明棟、陳福全，常務監事：邱進義

副常務監事：江科柏，監事：徐忠義、林麗鳳，主委秘書：林峯湖

總指揮：楊憲良，主委特助：盧令宗

六興宮員工：林清山、李金成、蔣桬順、陳炎、蔡兆鑫、陳芳男、李麗華

幸福緣：林蕭雪、吳麗英、林何多美、林何瓊枝、葉麗卿、林玉雪、郭秋月暨全體幸福緣人員

義工隊隊長：李正和，副隊長：簡士容暨全體義工大隊人員，行政顧問：柯禎致

溪北好兄弟會：江明炎、林添發、林福成、董銘全、王國松、楊炳燦、蔣松榮、蔡清全、洪惟泉、吳昇樹、蔣永發、陳志鴻、吳光華、林俊秀、李政源暨泉會眾善男信女等全誠焚香頂禮拜於

南無本師釋迦牟尼佛

南無消災延壽藥師佛

南無大悲觀世音菩薩

南無大願地藏無菩薩

南無大孝目蓮尊者菩薩

南無三教聖賢諸佛菩薩各寶舍蓮座下

恭申意者　切念眾等　軀殼既立　皆緣父母劬勞　烏哺未申

必藉仁慈濟慶　遵遺風於西域　冀法雨於東陲

念幽冥之苦痛　無以起生　欣逢諸菩薩

　　另外，在供品的準備上，若有要參加「公普」活動的庄民，可向六興宮繳交一千塊錢，再由他們來做張羅，至於供品的內容物，如圖 4-18 所示，大致上有粿、素菜、葷菜、以及餅乾、糖果、乾糧及飲料等等，每一份供品上都會插上一支旗子，在旗子上也會寫參加公普庄民的名字，並會在法師念誦疏文時一同念出來，以祈求平安。

圖 4-18　六興宮普渡所準備的供品（筆者攝）

　　在典禮的最後則會將銀紙集結防在一個大金爐裡面，一同燒給好兄弟們，在普渡時所使用的銀紙有土地公金、金銀白錢，如果有辦牲禮就有壽金〔註44〕因為燒給好兄弟的銀紙不能與燒給神明的金紙放在同一個金爐裡焚燒，所以會另外準備一個大金爐（圖 4-19），將所有紙錢放在裡面再一起化掉。

圖 4-19　燒給好兄弟的紙錢及金爐（筆者攝）

　　至於中元普渡的前後幾天，庄內的居民會請布袋戲班來演出，今年約莫有九班布袋戲，分部在庄內的各區域，稱之為「角頭戲」。何謂角頭戲？江石柱說明：

　　　　「角頭戲」著是每一個角頭家己攬人，看欲請啥物戲班來搬戲、搬

　　　　幾工按呢，才閣來出錢，一般攏是請布袋戲較多。〔註45〕

在《臺灣地名辭書‧卷八‧嘉義縣》中提及：

　　　　清咸豐 7 年（1857），內部社會組織分成四個空間單位，故有四個角

　　　　頭，耆老分別為：頭厝角王卻、二厝角吳玉、吳蔭、三厝角蔡計、

　　　　林得性、尾厝角張香、吳安。〔註46〕

溪北庄內本有四個角頭，分別住著不同姓氏的居民，人群的分布不僅代表著姓氏的區分，也可以彰顯出空間的屬性，更能看出同庄意識的展現。各角頭居民

〔註44〕參見「附錄七　江石柱田野調查報告」。

〔註45〕參見「附錄七　江石柱田野調查報告」。

〔註46〕施添福（2008），《臺灣地名辭書，卷八：嘉義縣》，國史館臺灣文獻館，頁328。

在中元普渡期間會聯合邀請戲班來演出，稱之為「角頭戲」。雖在日治時期因人口眾多故整合成頭厝、尾厝兩個角頭，不過戲班分布的位置仍就四個角頭所處的位置來搭棚演出。

角頭戲演出時間則不固定，可能只有一天、也可能長達一個禮拜，端看各角頭的居民如何決定，至於在戲班演出時也在戲棚前掛上千秋牌，上面寫上「慶讚中元」以及出資人的姓名（圖 4-20）以祈求保佑平安、普渡圓滿。

圖 4-20　慶贊中元的角頭戲（筆者攝）

另外，除角頭居民共同出資所請的布袋戲外，在六興宮的廟埕前也有一班歌仔戲，那班歌仔戲則是由好兄弟會成員共同出資所邀請來演出的。

四、小結

在本章的探討中，筆者從當局者如何操弄玄天上帝與媽祖信仰開始談起，可以看到在明鄭時期與清代均有各自擁護的神祇，目的就是為了要透過信仰的力量來集結民心，藉以鞏固政權。從這樣的前因來看，得以理解在清代台灣為何會大興媽祖廟，而溪北庄在王得祿提督聯合六庄興建六興宮後，因王提督個人在地方上的政治威望使庄內居民在信仰上有所改變。後來，於1904、1906年時發生了兩次全台大地震，也因地震的關係致使當時的上帝爺廟與六興宮均有所毀損，地震後六興宮遷址重建，地點就選在溪北庄內的正中心，從廟宇在聚落空間的分布可以看出當地信仰的情況，六興宮重建之事是由王氏家族所主導，體現出王氏家族在地方上的影響力也間接影響到了庄內的信仰情況。接著，西元1941年台南白河地區發生大地震，導致六興宮有所毀損，上帝爺廟更是直接倒塌成廢墟，於是庄民將玄天上帝移請至六興宮內與媽祖一同奉祀，這些事件也顯示出因為王氏家族的影響而導致庄民重視黑面三媽的程度已然超過玄天上帝。

接著探討到管委會為了推廣六興宮及黑面三媽的能見度，於民國79年（1990）請來臺灣電視台以黑面三媽的靈驗事蹟為題材拍攝連續劇，當時收視率為全台之冠，因此達成莫大的宣傳效果。另外，六興宮的管委會也頻繁的與外地宮廟做交流，以確保有穩定的進香團會固定來進香，以及在2013年創立臉書的粉絲團，藉由經營社群媒體來讓更多外地信眾認識六興宮。而廟方也對溪北庄內做了許多公益貢獻，例如提供庄內學童在放學後能有個安心的去處，以及六興宮主委利用其身兼鄉民代表的身分向賴清德提出請願，希望能透由中央通過提案，撥款來重修因長期使用而毀損嚴重的六興橋，以保障溪北庄民的生活安全。從上述的種種因素可以逐步釐清庄內信仰「典範轉移」的情況與原因。

下一小節則探討到溪北開庄之神玄天上帝顯靈託夢說要從六興宮內離開獨立發揮，並希望能成立管理委員會來管理，因此新建鎮武宮。自玄天上帝出來獨立發揮後，因讓庄民請教事情且都十分順利，因此而募得一筆經費來籌建新廟。

　　接著，從鎮武宮的管理情形與外地宮廟交流情況來看，以外地宮廟單方面來進香居多，從未出門去別間宮廟進香過，玄天上帝的信仰範圍主要還是以溪北庄為主，然則，自 2021 年底開始，鎮武宮的管委會為了要提升本庄玄天上帝的知名度，開始在臉書上創立粉絲專頁並將鎮武宮的相關活動照片以及玄天上帝的源流放上去，盼能藉社群媒體的力量吸引更多外來的信眾前來參拜，雖與起步較晚，但從近幾個月的進香團數量增加的情況來看，確實有成效出現，從此處可看出鎮武宮為了提升玄天上帝的知名度做了莫大的改變，逐漸從傳統的經營方式轉型成新型態的經營方式。

　　最後，筆者將溪北庄一整年當中的重大祭祀活動做一個總整理與紀錄，從這些祭祀活動當中可以看到，無論是以廟宇為單位的祭祀，抑或是以庄為單位的祭祀，庄民均會積極地參與，然則，以庄為單位的祭祀活動來看，多半由玄天上帝來主導活動的流程，從此處可以看出玄天上帝在溪北庄的庄頭神身分還是存在著影響力，但若從廟宇的發展來看是六興宮的香火較為興盛。

第伍章　結　論

　　本論文主要以單一研究場域為主，並以「庄頭神信仰」為核心來進行剖析，筆者藉由觀察並記錄信仰中的儀式與祭祀活動，呈現出地方宗教文化的特色。經田野調查所得與歸納後發現，該庄頭早期因為王得祿的關係而產生較為特殊的信仰情況，綜觀本研究各章節，呈現溪北庄的聚落發展、管理概況以及後續的發展，亦同時記錄庄內的重要祭祀活動與曲館、武館的發展情形。

　　首先，筆者針對溪北庄的聚落發展開始探討，此一聚落約莫從清康熙、雍正年間開始有先民至此拓墾，由於此地為牛稠溪流域的主要流經之處，因此擁有豐沛的水資源，使該聚落的發展急遽成長，在人數眾多的情況下成為一個大庄頭，根據沿革記載，先民們渡海來到此地開墾時一同奉請玄天上帝以祈求開墾順利，後來因信眾人數漸多而建「上帝爺廟」供奉，成為溪北庄的第一個信仰中心。

　　廟宇之於聚落的居民而言，不僅是一個尋求心靈慰藉之處，更是傳統社會群體的象徵，無論是社會、經濟、文化均能獲得居民的認同，筆者在此援引孔恩（Thomas S. Kuhn）所提出的「典範」理論，將上帝爺廟定義為溪北庄最初的「信仰典範」。然則，在王得祿提督於溪北庄興建六興宮後，對庄內的信仰情況產生了影響。

　　王提督於道光六年聯合六個庄頭一同興建立六興宮，並將黑面三媽奉為主神，因當時王得祿在地方政治上的影響力，使得溪北庄居民開始跟著一同信仰黑面三媽，在王得祿的加持之下讓黑面三媽的神威有逐漸凌駕於玄天上帝之趨勢。

接著經歷了西元 1904、1906 兩年的全台大地震後，六興宮與上帝爺廟均因震災而有所毀損，當時王氏家族與庄民將六興宮遷址重建，地點就選在溪北庄的正中心點，上帝爺廟則於原址重建。從廟宇在聚落空間內的分布可以看出信仰中心確實有轉移的情況產生。然而，西元 1941 年的台南大地震後，六興宮毀損嚴重，上帝爺廟則倒塌為廢墟。但當時因時局動盪不安，居民生活困難，故在重修六興宮後似已無力再重建上帝爺廟，因此僅能將玄天上帝移請至六興宮內與媽祖共享香火。筆者認為，自該事件發生後庄內的信仰情況大為改變，因玄天上帝移至六興宮後成為一個寄祀的狀態，也因此較無法發揮其功能，間接影響到玄天上帝在庄民心中的地位。到了王貫接手六興宮時期，為了增添廟宇特色，進而組織了北管團「六興軒」。此舉也為六興宮打響了知名度，根據調查得知，當時六興軒的演出十分受歡迎，最遠曾到台北做演出，雖成立時間僅短短五年，卻為六興宮帶來莫大的名氣與信眾。

接著，將時間軸拉回近年，六興宮成立管理委員會來管理廟務後，為了加強推廣黑面三媽的名聲，在第四屆管理委員會時期邀請台灣電視台來到庄內以黑面三媽的靈驗事蹟來拍攝連續劇，當時可說是造成巨大的轟動，將六興宮與黑面三媽的名氣再次推向高峰，在 2013 年時更在社群媒體上成立粉絲專頁來與各地信眾互動。除了推廣六興宮外，管委會也為庄內做出許多貢獻，如將曾經消逝的「溪北六興軒」再次重組並展現於溪北庄，保留了現代逐漸消逝的傳統技藝。現任主委也利用其身為鄉民代表的身分向前行政院長賴清德提出請願，希望中央能撥款來重建年久失修的六興橋，以確保庄內居民的生活安全。從以上各種事蹟可以了解到，管委會如何運用廟宇的影響力來為庄內做更多的貢獻，讓庄民對於六興宮及黑面三媽產生認可，相信媽祖的庇佑能夠讓大家過上更好的生活。

至於鎮武宮的成立情況，首先是民國 79 年（1990）時玄天上帝顯靈向當時的六興宮主委徐忠誠表示想離開六興宮獨立出來發揮，前後分別降駕顯靈三次，後來才將玄天上帝請出六興宮來獨力發揮，根據訪談得知，玄天上帝自從獨立發揮後便開始展現其神力，庄民諸多問題經由上帝公指點後均獲得改善，庄民為了報答玄天上帝，逐漸開始募款以籌建新廟，終於在民國 87 年（1998）鎮武宮正式落成，庄頭廟再次重現於溪北庄內，當時成立管理委員會時收到前總統陳水扁所贈送的匾額，以及邀請當時的國會議員蔡啟芳來擔任總顧問，從中可以窺探出宮廟與政治背後的角力關係，透過地方政治人物的威

望來為地方廟宇宣傳，體現了宮廟文化中「也要人、也要神」的情況，廟宇的興盛程度與背後的主事者或許有著重要的關聯性。另外，鎮武宮於 2021 年底也跟上六興宮的腳步，在社群媒體上創立粉絲專頁，透過網路推廣的方式讓外地的信眾更加認識鎮武宮。

最後，筆者在記錄庄內重大祭祀活動時發現，因玄天上帝為庄頭神，也因此在「安五營」、「巡庄」等活動時均由祂來帶領舉行，雖然早年因寄祀在六興宮內較無法發揮，不過自從建立鎮武宮後，玄天上帝在溪北庄的地位逐漸穩固，加上管委會的努力下，玄天上帝近年來在庄內的信眾人數已有逐漸回流的趨勢，雖然相較之下仍是黑面三媽較為興盛，其中原因筆者認為除了建立初期有王得祿的背書外，管理組織為地方的貢獻讓庄民體會到因為黑面三媽的庇祐讓大家的生活能夠獲得更好的改善，諸多的因素加起來才讓六興宮能夠成為溪北庄的「新信仰典範」。

綜觀本研究的各章節，呈現出溪北庄的歷史背景、庄頭神信仰以及後續管理情況與發展。同時亦詳細記錄與探討庄內各大祭祀活動，為溪北庄留下珍貴的無形文化資產記錄。

參考書目

一、史料

1. （日）相良吉哉（1933），《台南州寺廟名鑑》，臺灣日日新報台南支局出版。

2. （日）增田福太郎（1939），《臺灣の宗教：農村を中心とする宗教研究》，東京市：株式會社養賢堂。

3. （清）蔣毓英纂修（1685）；黃美娥點校（2004），《臺灣府志》，台北市：文建會。

4. （清）高拱乾（1694），《臺灣府志》，台北市：臺銀經濟研究室。

5. （清）周元文（1712），《重修臺灣府志》，台北市：臺銀經濟研究室。

6. （清）劉良璧纂輯（1741）；楊永彬點校（2005），《重修福建臺灣府志》，台北市：文建會。

7. （清）范咸等纂輯（1747）；陳偉志點校（2005），《重修臺灣府志》，台北市：文建會。

8. （清）余文儀主修（1764）；黃美娥點校（2007），《續修臺灣府志》，台北市：文建會。

9. （清）金鋐主修（1866）；黃美娥點校（2004），《康熙福建通志臺灣府》，台北市：文建會。

10. （清）周鍾瑄主修（1717）；詹雅能點校（2005），《諸羅縣志》，台北市：文建會。

11. （日）臨時台灣土地調查局（1905），《台灣土地慣行一斑》，台北市：南天書局有限公司

12. （日）伊能嘉矩著（1909）；吳密察譯；翁佳音審訂（2021），《伊能嘉矩台灣地名辭書》，新北市：遠足文化事業股份有限公司。

13. （清）施琅（1958），《靖海紀事》，台北市：台灣銀行經濟研究室。

14. 陳正祥（1959），《臺灣地名手冊》，台北市：台灣省文獻委員會。

15. 趙璞、林家駒（1976），《嘉義縣志　卷一　土地志》，嘉義市：嘉義縣政府。

16. 宋增璋（1980），《台灣撫墾志　上冊》，台中市：台灣省文獻委員會。

17. （清）黃叔儆撰（1987），《臺海使槎錄》，台北市：大通書局。

18. （日）鈴木清一郎著；馮作民譯（1989），《增訂台灣舊慣習俗信仰》，台北市：眾文圖書。

19. 王嵩山、江明輝、浦忠成（2001），《臺灣原住民史。鄒族史篇》，南投市：台灣省文獻委員會

20. （清）照乘（2004），《天后顯聖錄》，北京市：九州出版社。

21. 陳美玲、施添福（2008），《台灣地名辭書・卷八・嘉義縣》，南投市：台灣文獻館。

22. 蔣月霞、李麗真、王振坤、李德住著（2011），《溪北田水——嘉義縣新港鄉溪北社區——紀事探源》，嘉義縣新港鄉溪北社區發展協會。

二、專書

1. 李亦園（1978），《信仰與文化》，台北市：巨流。

2. 劉枝萬（1983），《台灣民間信仰論集》，台北市：聯經。

3. 吳騰達（1984），《臺灣民間舞獅之研究》，台北市：大立。

4. 施添福（1987），《清代在台漢人的祖籍分布和原鄉生活方式》，台北市：國立台灣師範大學地理學系。

5. 蔡相煇（1989），《台灣的王爺與媽祖》，台北市：臺原。

6. 呂理政（1992），《傳統信仰與現代社會》，台北縣：稻鄉。

7. 林美容（1993），《台灣人的社會與信仰》，台北市：自立晚報。

8. 涂爾幹著；芮傳明、趙學元譯（1994），《宗教生活的基本形式》，台北市：桂冠。

9. 林美容主編（1997），《彰化縣曲館和武館（下冊）》，彰化市：彰化縣立文化中心。

10. 李雅景（1998），《嘉義縣傳統戲曲與音樂特輯》，嘉義縣：嘉義縣立文化中心。

11. 石萬壽（2000），《台灣的媽祖信仰》，台北市：臺原。

12. 呂錘寬（2000），《北管音樂概論》，彰化市：彰化縣文化局。

13. 王見川、李世偉（2000），《台灣的民間宗教與信仰》，台北縣：博揚文化。

14. 李麗真（2003），《從小地名尋找溪北村歷史容顏》，中央研究為歷史語言研究所「台灣省村里以下地名普查」，未出版。

15. 謝宗榮主編（2004），《驅邪納福：辟邪文物與文化圖像》，宜蘭縣：國立傳統藝術中心。

16. 徐裕健建築師事務所（2004），《台閩地區第三級古蹟嘉義縣六興宮調查研究及修復資料》，嘉義縣：嘉義縣政府。

17. 黃文博（2004），《南瀛五營誌　溪北篇》上卷，台南縣：台南縣政府。

18. 蔡相煇（2006），《媽祖信仰研究》，台北市：秀威資訊科技。

19. 林美容（2006），《媽祖信仰與地方社會》，台北縣：博揚文化。

20. 蕭新煌等編撰（2006），《台灣新典範》，台北縣：群策會李登輝學校。

21. 林美容（2008），《祭祀圈與地方社會》，台北縣：博揚文化。

22. 顏尚文（2008），《嘉義研究：王得祿專輯》，嘉義縣：國立中正大學台灣人文研究中心。

23. 張珣（2009），《媽祖‧信仰的追尋》，台北市：博揚文化。

24. 張珣（2010），《海洋民俗與信仰：媽祖與王爺》，高雄市：國立中山大學出版社。

25. 陳龍廷（2010），《發現布袋戲：文化生態‧表演文本‧方法論》，高雄市：春暉出版。

26. 劉信吾（2016），《媽祖信仰與文化傳承》，新北市：財團法人新人類文明文教基金會。

27. 張主恩（2016），〈「一日平海山」傳說初探——兼述王得祿、陳畫成二人傳說的比較〉，《東華中國文學研究》第十四期，頁89～107。

28. 孔恩 Thomas S. Kuhn 著；程樹德、傅大偉、王道還譯（2017），《科學革命的結構》，台北市：遠流。

29. 謝宗榮（2018），《圖解台灣傳統宗教文化》，台中市：晨星。

30. 溫宗翰、楊玉君、洪瑩發（2018），《台灣民俗學青年論集（二）》，台北市：豐饒文化社。

31. 謝國興（2019），《進香・醮・祭與社會文化變遷》，台北市：臺大出版中心。

32. 許佩賢、李其霖、陳世芳、郭婷玉（2019），《太子太師王得祿伯爵傳暨史料彙編》，嘉義縣：祭祀公業法人嘉義縣　王慎齋。

33. 張儷瓊主編（2020），《2019 臺灣音樂年鑑》，宜蘭縣：國立傳統藝術中心。

三、學位論文

1. 王麗雯（2003），《日據以前台灣真武信仰之源流與發展》，國立成功大學歷史研究所碩士論文，台南市。

2. 吳秋薇（2003），《玄天上帝廟對下營聚落發展的影響》，國立高雄師範大學地理學系碩士論文，高雄市。

3. 陳建宏（2004），《公廟與地方社會——以大溪鎮普濟堂為例（1902～2001）》，國立中央大學歷史研究所碩士論文，桃園市。

4. 鍾智成（2006），《清代嘉南地區玄天上帝信仰發展》，國立中正大學歷史研究所碩士論文，嘉義縣。

5. 黃阿有（2007），《日治前牛稠溪流域發展之研究》，國立成功大學歷史學系博士論文，台南市。

6. 盛翠穎（2010），《台灣玄天上帝信仰之研究——以外澳接天宮為立》，天主教輔仁大學宗教學研究所碩士論文，新北市。

7. 徐碧霞（2011），《鸞堂型村廟的儀典與組織：以苗栗頭屋雲洞宮為例》，國立交通大學客家文化學院客家社會與文化學程碩士論文，新竹市。

8. 林依德（2011），《笨港地區庄頭的發展與變遷（1895 年以前）》，國立嘉義大學史地學系研究所碩士論文，嘉義市。

9. 張惟修（2012），《雲林縣玄天上帝信仰及其傳說》，國立臺灣師範大學歷史學系碩士論文，台北市。

10. 邱仲澐（2016），《嘉義縣寺廟楹聯研究——以媽祖奉祀為研究場域》，南華大學文學系碩士論文，嘉義縣。

11. 王振坤（2018），《由笨港外九庄探討王得祿提督——兼述笨港三大媽祖廟的興建淵源》，國立台南大學文化與自然資源學系台灣文化碩士論文，台南市。

12. 李榮堂（2019），《神蹟佮祭祀活動——當代義愛公信仰之研究》，國立臺灣師範大學文學院臺灣語文學系碩士論文，台北市。

13. 李亭（2020），《東沙大王信仰研究：軍管區神明之考察》，國立臺灣師範大學文學院台灣語文學系碩士論文，臺北市。

四、期刊論文

1. 岡田謙（1938）〈臺灣北部村落に於ける祭祀圈〉《民族學研究》第 4 卷第 1 期頁 1～22。

2. 臺南縣文獻委員會（1954），〈施侯租田園〉，臺南縣：《南瀛文獻》第 2 卷第 1 期、第 2 期。

3. 李獻璋（1967），〈笨港聚落的成立，及其媽祖祠祀的發展與信仰實態（上）〉，《大陸雜誌》第 35 卷第 7 期，頁 7～11。

4. 李獻璋（1967），〈笨港聚落的成立，及其媽祖祠祀的發展與信仰實態（中）〉，《大陸雜誌》第 35 卷第 8 期，頁 22～26。

5. 李獻璋（1967），〈笨港聚落的成立，及其媽祖祠祀的發展與信仰實態（下）〉，《大陸雜誌》第 35 卷第 9 期，頁 22～29。

6. 陳漢光（1972），〈清代文獻中有關王得祿資料彙輯〉，《台灣文獻季刊》第 23 卷第 3 期，頁 100～118。

7. 陳漢光（1972），〈王得祿傳記及其他〉，《台灣文獻季刊》第 23 卷第 4 期，頁 33～56。

8. 許嘉明（1973），〈彰化平原福佬客的地域組織〉，《中央研究院民族學研究所集刊》，頁 165～190。

9. 黃哲永（1975），〈由傳說與文獻來看王得祿〉，《台灣風物》第 25 卷第 1 期，頁 15～18。

10. 許嘉明（1978），〈祭祀圈之於居臺漢人社會的獨特性〉，《中華文化復興月刊》第 11 卷第 6 期，頁 59～68。

11. 余光弘（1983），〈臺灣地區民間宗教的發展——寺廟調查之分析〉，《中央研究院民族所集刊》第 53 期，頁 67～103。

12. 蔡相輝（1984），〈明鄭時代台灣之媽祖崇祀〉，《台北文獻》第 69 期，頁 263～272。

13. 林美容（1987），〈由祭祀圈來看草屯鎮的地方組織〉，《中央研究院民族學研究所集刊》第 62 期，頁 53～114。

14. 林美容（1988），〈由祭祀圈到信仰圈——台灣民間社會的地域構成與發展〉，《第三屆中國海洋發展史研討會論文集》，頁 95～125。

15. 林美容（1990），〈彰化媽祖的信仰圈〉，《中央研究院民族學研究所集刊》第 68 期，頁 41～104。

16. 林永村（1991），〈笨港聚落的形成與媽祖信仰的確立〉，《台灣文獻》第 42 卷第 2 期，頁 333～341。

17. 吳季晏（1993），〈明清政權的迭換與台灣玄天上帝信仰〉，《道教學探索》第 7 號，頁 246～271。

18. 邱奕松（1993），〈王得祿之信仰、芳蹟、軼事〉，《嘉義文獻》，卷 23，頁 1～17。

19. 張珣（1995），〈女神信仰與媽祖崇拜的比較研究〉，《中央研究院民族學研究所集刊》第 79 期，頁 185～203。

20. 張珣（1995），〈臺灣媽祖信仰——研究回顧〉，《新史學》6 卷 4 期，頁 89 ～126。

21. 張珣（1996），〈光復後台灣人類學漢人宗教之回顧〉，《中央研究院民族學研究所集刊》第 81 期，頁 163～215。

22. 許淑娟（2001），〈由村廟看同庄意識——以台南市安南區為例〉，《環境與世界》第 5 期，頁 71～93。

23. 陳龍廷（2003），〈鹿港當境神明與居民關係——以牽車藏儀式為例〉，《台灣文獻》第 54 卷第 2 期，頁 163～231。

24. 黃阿有（2003），〈顏思齊、鄭芝龍入墾台灣研究〉，《台灣文獻》第 54 卷第 4 期，頁 93～122。

25. 林美容、蘇全正（2004），〈台灣民間佛教傳統與「巖仔」觀音信仰之社會實踐〉，《新世紀宗教研究》第 2 卷第 3 期，頁 1～34。

26. 邱奕松（2004），〈清代軍事家王得祿研究〉，《嘉義市文獻》第 10 卷，頁 17～52。

27. 蘇信維（2005）〈台灣水師第一人——王得祿崛起〉,《嘉義縣文獻》第 32 期,頁 172~191。

28. 陳支平（2005）〈從東洋文庫所藏閩省督撫將軍奏稿看王得祿事蹟〉,《嘉義研究——王得祿專輯》,嘉義縣:國立中正大學台灣人文研究中心,頁 1~22。

29. 高佩英（2006）,〈台灣漢人社會虎爺信仰之現況研究〉,《台灣民俗藝術彙刊》第 3 期,頁 1~17。

30. 宋天翰（2006）,〈「祭祀圈」理論的再思考——一個歷史學的觀點考察以清水巖為例〉,《中洲學報》第 24 期,頁 23~46。

31. 顏尚文、潘是輝（2008）,〈王得祿的宗教信仰行蹟之研究〉,《嘉義研究——王得祿專輯》,嘉義縣:國立中正大學台灣人文研究中心,頁 23~80。

32. 王明燦（2008）,〈民間傳說認知的王得祿〉,《嘉義研究——王得祿專輯》,嘉義縣:國立中正大學臺灣人文研究中心,頁 140~263。

33. 李豐楙（2010）,〈「中央—四方」空間模型:五營信仰的營衛與境域觀〉,《中正大學中文學術年刊》2010 年第 1 期,頁 33~70。

34. 王志宇（2011）,〈彰南田中地區的媽祖信仰與地域社會〉,《逢甲人文社會學報》第 22 期,頁 139~159。

35. 王明燦（2011）,〈文獻史料記載的王得祿:以其賜功榮賞與在鄉里活動為中心〉,《大同技術學院學報》第 19 期,頁 253~278。

36. 王明燦（2013）,〈王得祿崛起之探（1784~1788）〉,《大同技術學院學報》第 20 期,頁 15~36。

37. 謝貴文（2013）,〈論神明與地方關係的建立與發展——以高雄地區的保生大帝信仰為例〉,《高雄文獻》第 3 卷第 2 期,頁 35~66。

38. 金清海（2013）,〈臺灣五營信仰文化探源〉,《正修通識教育學報》第 10 期,頁 43~60。

39. 林彥如（2015）,〈嘉義阿里山玄天上帝信仰及其傳說〉,《中國文化大學中文學報》第 31 期,頁 65~76。

40. 李明亭、李麗真（2015）,〈從凋敝到復興卻可預期困境的一個農村新港鄉溪北村〉,《嘉義研究》第 12 期,頁 1~51。

41. 陳緯華（2017）,〈「廟宇視角」下的「轄境」:從廟宇經營看廟宇的地域性〉,《新世紀宗教研究》第 15 卷第 4 期,頁 23~56。

42. 陳旺城（2017），〈宜蘭玄天上帝信仰重鎮──羅東奠安宮〉,《華人前瞻研究》第 13 卷第 2 期，頁 113～120。

43. 張家麟（2018），〈自主與發展──論旱溪媽祖廟的組織建構與變遷〉,《海洋文化學刊》第 25 期，頁 89～130。

44. 盛翠穎（2018），〈頭城外澳接天宮玄天上帝信仰發展與實踐〉,《新世紀宗教研究》第 17 卷第 1 期，頁 83～122。

五、報章雜誌

1. 臺灣電視台（1989），〈TTV 電視周刊〉1402 期，頁 93。

六、網路資源

1. 台灣廟口小戲～傳統台灣戲曲北管的傳承～影，
   https://www.peopo.org/news/259341。

2. 【看世事　講台語】吃肉吃三層　看戲看亂彈，李江却文教基金會，
   https://www.tgb.org.tw/2011/07/blog-post_14.html。

3. 溪北六興宮官網，http://www.liousinggong.org.tw/about.asp。

4. 水利署第五河川局〈朴子溪水系介紹〉，https://www.wra05.gov.tw/。

七、電子資料庫

1. 臺灣記憶 Taiwain Memory，https://memory.ncl.edu.tw/index。

2. 台灣百年歷史地圖，http://gissrv4.sinica.edu.tw/gis/twhgis/。

3. 文化資源地理資訊系統，
   http://crgis.rchss.sinica.edu.tw/temples/ChiayiCounty/shingang/1007015-LXG。

4. 國家文化資產網，
   https://nchdb.boch.gov.tw/assets/overview/monument/19851127000043。

5. 國家教育研究院　雙語詞彙、學術名詞暨辭書資訊網，
   https://terms.naer.edu.tw/。

6. 臺灣日日新報資料庫，https://terms.naer.edu.tw/。

7. 玉清無上靈寶自然北斗本生真經》正統道藏電子文字資料庫
   http://www.ctcwri.idv.tw/。

八、沿革簡介

1. 王貫（1950），《王貫：贈溪北六興宮正三媽圖冊》，嘉義縣新港鄉正三媽廟籌備會。

2. 溪北鎮武宮管理委員會（2004），《溪北鎮武宮沿革簡介》，嘉義：溪北鎮武宮管理委員會。

3. 王振坤（2000），〈溪北六興宮正三媽廟沿革〉，《新港文教基金會月刊》十二月，頁 12～15。

附錄一　陳炎田野調查報告

1. 報導人：陳炎（六興宮前廟公）
2. 訪問時間：2020 年 10 月 21 日
3. 年齡：88 歲
4. 訪問地點：嘉義縣／六興宮
5. 訪問人：徐裕盛

徐裕盛：阿公你好，我是木順的孫仔，想欲來佮你請教有關六興宮的代誌。

陳炎：你想欲問啥？阿公佮你講。

徐裕盛：是按怎六興宮會號作六興宮？是和王得祿有啥物關係嗎？

陳炎：講著這個六興宮的創建並毋是王得祿所起的，是王得祿聯合月眉、月潭、後厝仔、溪北、番婆、六斗仔六個庄頭作伙起的，因為想欲祈求六個庄頭攏會使興旺，所以才號作六興宮。

徐裕盛：六興宮本底就起佇遮嗎？

陳炎：毋是，較早六興宮是起佇王得祿公館的倒手邊，尾仔因為地震去予倒去，所以才徙來遮重起。

徐裕盛：較早咱若欲巡庄，攏是按怎抾丁錢？

陳炎：較早咱若欲巡庄，攏是看一戶有幾個查埔就抾幾丁，查某就毋免抾，六個庄頭攏愛抾，每一個庄頭攏會提幾萬箍出來按呢。

徐裕盛：這馬咱巡庄全款愛抾嗎？

陳炎：這馬全款要抾，猶毋過因為這馬人越來越少，而且這馬巡庄嘛干焦云咱庄頭爾爾，所以攏是提錢去貼別人，請別人來鬥相共。

徐裕盛：那按呢咱庄內自己敢會有陣頭出來鬥相共？

陳炎：較早咱庄內有兩團獅陣，頭厝一團、尾厝一團，這馬猶佇咧的是頭厝的「集群軒」，毋過這馬嘛無啥物人會曉弄獅了，得欲失傳了。

徐裕盛：三媽的神像是對佗位請來的呢？

陳炎：三媽的神像應該是王得祿對大陸請轉來矣，聽說彼當陣攏總請三尊轉來，大媽奉祀佇新港奉天宮、二媽奉祀佇北港朝天宮，三媽王得祿就請轉來溪北做客，奉祀佇王公館的倒手邊。

徐裕盛：上帝公本底是咱的庄頭神，但是為啥物這馬看起來敢若媽祖比上帝公較興？

陳炎：媽祖會比上帝公較興的原因就是因為黑面三媽佇全台灣攏有信徒，咱庄內的上帝公就較無按呢，所以就無遐興，我所知影的大概是按呢。

徐裕盛：聽說這馬六興宮這塊地跟鎮武宮彼塊地攏是上帝公的地，為啥物上帝公地會遐濟？

陳炎：較早日本時代大家生活攏較歹過，驚政府會抾稅，所以大家規氣攏共地捐予上帝公，按呢著毋免抾稅了。

徐裕盛：阿公，聽六興宮的主委說你少年時捌演過北管哦！

陳炎：對啦，我捌演過，彼當陣才十幾歲爾爾，我演過皇帝的角色，毋過落尾因為毋捌字所以就無繼續學落去矣。

附錄二　王文科田野調查報告

1. 報導人：王文科（王得祿家族第五代傳人）
2. 訪問時間：2020 年 10 月 22 日
3. 年齡：68 歲
4. 訪問地點：嘉義縣／王得祿公館
5. 訪問人：徐裕盛

徐裕盛：阿伯你好，我有一寡仔關於王得祿佮六興宮的問題，敢有方便請教
　　　　你？

王文科：哦！會使啊！

徐裕盛：六興宮的三媽是按怎來的啊？

王文科：三媽是阮祖先對大陸請轉來的，佮新港奉天宮、北港朝天宮的媽祖作
　　　　伙請轉來的，毋是人講矣對海上漂來一塊柴頭到笨港來，有人共拾起
　　　　來刻的。

徐裕盛：那按呢請問六興宮是按怎起起來矣？

王文科：媽祖婆原本是奉祀佇阮王公館倒手邊，著是較早的六興宮，落尾因為
　　　　地動倒去，才遷到這馬的所在聯合六庄頭作伙起新廟。

徐裕盛：較早咱若欲云庄，攏按怎抾丁錢？

王文科：較早咱若欲云庄，攏是看一戶有幾個查埔就抾幾丁，查某就毋免抾，
　　　　六個庄頭攏愛抾

徐裕盛：上帝公本底是咱的庄頭神，但是為啥物這馬看起來敢若媽祖比上帝公
　　　　較興？

王文科：媽祖婆會較興的原因就是因為六興宮彼當陣請台視來翕電視劇，以
　　　　三媽做主角，落尾黑面三媽的名聲才會傳到台灣各地，因為上帝公較
　　　　散赤，所以就無法度按呢做，聽講彼當陣六興宮開一百二十幾萬請電
　　　　視台來，毋過咱庄內的主神是上帝公才對，毋知影才會講是三媽。

附錄三　王瑞戊田野調查報告

1. 報導人：王瑞戊（鎮武宮祭典組）
2. 訪問時間：2020 年 10 月 22 日
3. 年齡：73 歲
4. 訪問地點：嘉義縣／王宅
5. 訪問人：徐裕盛

徐裕盛：伯公你好，我想欲佮你請教有關咱庄內六興宮佮鎮武宮兩間廟的代誌。

王瑞戊：會使阿，你有啥物想欲問的就問。

徐裕盛：請問六興宮是按怎起起來矣？

王瑞戊：六興宮本底的舊址是佇王得祿公館的倒手邊，落尾因為地動去予倒去，才遷來這馬的所在重起，起好擱因為地動倒去，彼當陣連舊上帝爺廟嘛攏倒去矣，王貫接手了後重起六興宮，嘛才將上帝公請入六興宮作伙奉祀，媽祖坐正殿，上帝公坐正殿正手邊。王貫彼當陣募款來重起六興宮，準做私人的宮廟咧經營，黑面三媽上代先是王得祿請上殿的。

徐裕盛：按呢咱黑面三媽彼當陣是按怎予王得祿請轉來的？

王瑞戊：新港大媽、北港二媽、溪北三媽，聽講是全一塊柴頭刻矣，所以攏是黑面媽祖。傳說是古早有一塊柴頭漂到港口宮的海邊，尾仔請一個大陸雕刻師傅刻的，三尊媽祖生做一模一樣。

徐裕盛：較早咱若欲巡庄，攏按怎抾丁錢？

王瑞戊：較早咱若欲巡庄，攏是看一戶有幾個查埔就抾幾丁，查某就毋免抾。

徐裕盛：咱庄以早敢有神明會？

王瑞戊：咱庄並無神明會，上代先是籌備委員會佇咧處理廟的代誌，彼當陣六興宮當欲準備成立管理委員會，經過討論了後決定予徐水張做第一屆的主任委員，彼當陣猶無選舉制度，所以攏是用推薦的，伊做一屆了後就無做阿，一直到第二屆了後才開始佮月眉庄、月潭庄、安和庄聯合做伙選管理委員會。

徐裕盛：咱庄內敢有曲館？

王瑞戊：庄內較早王貫有設一個北管，號做六興軒，戲服這馬還园佇鐘鼓樓內底，彼當陣攏是查埔裝查某佇咧演出。

徐裕盛：咱這馬鎮武宮的上帝公是誰人佮請出來的？

王瑞戊：上帝公是予徐忠誠請出來的，伊是咱溪北的庄神，毋過落尾三媽的名聲旺過上帝公。

徐裕盛：古早最代先彼尊上帝公敢猶有佇咧？

王瑞戊：有阿，彼尊上帝公聽一個捌來看過的教授講應該是咱溪北的開庄祖先佇嘉慶年間對大陸偝過來的，已經有一百九十幾年的歷史，這馬蹛佇鎮武宮內底，有用一個玻璃盒仔共伊裝起來，怕去予風化去。

徐裕盛：咱這馬巡庄攏是佇啥物時陣阿？

王瑞戊：咱這馬巡庄攏佇正月十五的時，彼工上帝公、三媽佮清水祖師攏會做伙出巡，巡庄的範圍只佇咱庄內。

附錄四　江明煌田野調查報告

1. 報導人：江明煌（鎮武宮副主委）
2. 訪問時間：2020 年 12 月 17 日
3. 年齡：73 歲
4. 訪問地點：嘉義縣 / 江宅
5. 訪問人：徐裕盛

徐裕盛：副主委你好，我想欲佮你請教有關鎮武宮的代誌。

江明煌：好啊，想欲問啥攏會當問。

徐裕盛：我想欲請問咱上帝公生日彼工的流程是按怎行矣？

江明煌：咱這個上帝公生日的時，通常佇前一工子時就會開始祝壽，主要是由
委員會來主持，村長佮爐主猶擱有一寡仔善男信女攏會作伙來參加。
隔轉工三月初三時，對透早開始庄內的善男信女就會來拜拜按呢，嘛
會有一寡外地的宮廟會來祝壽，另外，嘛會做大戲，像歌仔戲、布袋
戲，前一工就會開始做扮仙戲，隔轉工才會做大戲，佇初三彼工會去
爐主佾兜請上帝公轉來過生日，一工了後才擱送轉去，流程差不多就
是按呢。另外，因為驚初三彼工會較無閒，所以結束了後的平安宴會
佇初五辦。

徐裕盛：上帝公是咱的庄神，是按怎這馬看起來媽祖婆敢若較興？

江明煌：因為咱上帝公較早蹛佇六興宮的時沒什麼發揮，而且媽祖廟是六庄
頭作伙起的，本底信徒就較濟，加上六興宮本身是三級古蹟，較容易
吸引人來參拜，所以發揮就比上帝公較好，古早時擱有王得祿在處

　　　　理，大家就綴著較要緊，上帝公因為無人出來主持所以就較無人去管
　　　　伊，就較無遐爾興。

徐裕盛：咱這馬的鎮武宮是什麼時陣起矣？

江明煌：咱上帝公是佇民國七十九年彼時，託夢予徐忠誠講欲自己出來發揮，
　　　　所以落尾徐忠誠就將伊請出六興宮，佇這馬鎮武宮這塊地先揣一個所
　　　　在囥，因為鎮武宮這塊地較早是一個「堀仔」，尾仔因為欲起鎮武宮
　　　　所以共填起來，這塊地佮媽祖廟彼塊地攏是上帝公地，所以上帝公才
　　　　會選佇遮起新廟自己發揮按呢，出來了後才開始慢慢有較濟信徒，一
　　　　直到這馬按呢。

徐裕盛：咱這馬鎮武宮內底猶保存的彼尊上帝公是咱開庄彼尊嗎？

江明煌：對，彼尊上帝公就是咱開庄的先民所偝過來的彼尊，這馬用玻璃盒仔
　　　　裝起來，驚伊會風化去，捌有一個教授來看過這尊，聽彼個教授說這
　　　　尊應該是嘉慶年間來矣，毋過無法度幫伊開一個證明，因為上帝公的
　　　　喙鬚敢若有予改裝過，較早的人毋捌所以有動過，驚開證明會有疑慮，
　　　　但是會當確定這尊應該有一百九十幾年的歷史。

附錄五 徐忠誠田野調查報告

1. 報導人：徐忠誠（第六屆管理委員會主任委員）
2. 訪問時間：2020 年 12 月 18 日
3. 年齡：78 歲
4. 訪問地點：嘉義縣 / 六興宮左前方的檳榔攤
5. 訪問人：徐裕盛

徐裕盛：咱上帝公是因為啥物原因所以才會搬到這馬鎮武宮遐？

徐忠誠：伊本來是蹛佇媽祖廟內底，是上帝公的童乩起童走來廟內底揣我，彼當陣我咧做六興宮的主委，童乩走來揣我講上帝公伊欲出來家己發揮拍拚啦，伊講佇媽祖廟內底收的錢攏是媽祖的，伊無錢，一寡土地包括媽祖廟佮頭前的廟埕一直沿到頭厝彼爿攏是上帝公的地，猶擱有鎮武宮這塊地嘛是伊的，毋過大家就相爭佮地佔走無愛還伊，所以伊就想欲成立一個管理委員會來管理，就叫童乩起童走來廟裡揣我，叫我幫伊主持，我就佮伊講你做你講無要緊，落尾我就叫伊先退駕，若是有需要才閣來廟內底起駕，我閣再請庄內的老輩出來主持。落尾伊真正攍來廟內底起駕三改，和遐的老輩講伊想欲出來，但是遐的老輩無愛插伊，就講，你抑無錢矣要按怎共你請出來，尾仔我就講，上帝公攏拜託到按呢阿，無咱就共伊請出去家己發揮啦，老輩就講，無你佮伊請出去阿，我講好，明仔載透早八點我就佮伊請出去。隔轉工我就佮伊請出來媽祖廟頭前的廟埕，用四支竹篙佮一塊布帆做一個小小會當閘雨的所在，驚雨來會去沃到，我就家己一個人佇遐顧了半個月，

無人來共我鬥相共，彼時陣真艱苦，攏要上班無著是去作稿，暗時攏愛轉去厝，續落來上帝公真正開始家己發揮，幫人辦代誌、予人請教，我就佮伊講你袂當收紅包，伊就講好，落尾幫人辦代誌攏有辦得很順利，大家開始答謝上帝公，慢慢就有經費了。

徐裕盛：彼當陣上帝公主要攏予人請教什麼代誌？

徐忠誠：當年上帝公予請教上濟的代誌是破病的問題，因為較早醫術無發達，所以佇庄跤大家身體若有無爽快攏會想欲去求神明，彼當陣上帝公就是因為掠藥仔很靈-ê，所以慢慢大家就真信伊。

徐裕盛：以我的了解上帝公應該是咱的庄頭神吧？

徐忠誠：伊算是咱的庄主啦，比媽祖閣較早來溪北。

徐裕盛：敢知影上帝公是啥物時陣來的？

徐忠誠：上帝公啥物時陣來的這我無清楚，伊較早是踮佇現今媽祖廟倒手邊的小廟，尾仔人才佮伊請去佮媽祖作伙踮，媽祖一開始來到溪北伊的地是佇「暗學仔」彼邊（王得祿公館的倒手邊），尾仔才遷到這馬遮重起，上帝公嘛作伙請進去踮。

徐裕盛：感覺咱庄內敢若較興媽祖，上帝公敢若沒遐興。

徐忠誠：媽祖就較有錢阿，所以就有較濟人會去幫伊處理代誌，上帝公就無錢，所以就較無人要理，加上古早的時王得祿足信媽祖，伊權力攏大，大家就綴著作伙信。

附錄六　林清山田野調查報告

1. 報導人：林清山（鎮武宮現任監事兼六興宮廟公）
2. 訪問時間：2021 年 2 月 25 日、2021 年 7 月 15 日
3. 年齡：68 歲
4. 訪問地點：嘉義縣 / 鎮武宮
5. 訪問人：徐裕盛

徐裕盛：為啥物咱彼咧大金爐欲分三個孔阿？

林清山：彼咧喔，佇較早六興宮猶未來這馬遮的時陣，是佇王得祿個兜彼片，上帝公是咱的庄神嘛，較早就蹛佇咧這馬三媽廟邊仔的鐵厝邊仔，佇鐵厝的後壁遐聽講有一間土地公廟，號做通天宮，咱金爐三個孔就是按呢來矣，中央是六興宮、龍邊是鎮武宮、虎邊是通天宮，每一間廟有家己的香火，所以分三個孔。

徐裕盛：咱這咧金爐的設計全台灣干若毋第二個佮咱全款。

林清山：無，咱是唯一一個，彼當陣起廟因為是媽祖出錢，所以中央予媽祖、龍邊與上帝公，虎邊予土地公按呢。

徐裕盛：較早媽祖廟起好的時猶無鎮武宮，那會有鎮武宮彼個爐口？

林清山：彼干若是較早的人號的名，上帝公較早沒廟所以攏請來請去，如果是當年的爐主就請轉去個兜，一冬請一擺，所以彼時陣要幫上帝公起廟時就直接號鎮武宮。

徐裕盛：通天宮較早是拜啥物神啊？

林清山：通天宮較早是一間土地公廟，是無名矣，是後來的人才幫伊號這個名。

徐裕盛：六興宮的名攔是按怎來的啊？

林清山：六興宮嘛是落尾遷來這馬這個所在才號名的，較早佇王得祿佪兜拜的時是無名的，後來王得祿聯合利庄頭作伙起，希望會當保庇六庄頭攏興旺，才會號六興宮。

徐裕盛：所以金爐是六興宮起好了後才攔起的嗎？

林清山：著，是六興宮起好了後才攔起金爐的，一開始就設計三個孔。

徐裕盛：我有聽說彼個金爐較早干若比這馬高，落尾哪會變作咱這馬看到的按呢？

林清山：彼當時就有一擺落大雨，予雷公拍著，頂懸一部分毀掉，整修了後就變成這馬按呢。

徐裕盛：所以咱這馬的六興宮佮鎮武宮攏是後來才有的名阿！

林清山：著阿，較早上帝公就是一個帝爺廟爾並無名，媽祖廟也無名，所以真濟土地攏無法度登記，不管是媽祖的土地抑是上帝公的土地攏是，所以起新廟號名了後，才會當登記神明的土地，無真濟土地攏無法度登記按呢袂使。

徐裕盛：咱庄內普渡攏是佇啥物時陣阿？

林清山：咱攏固定佇農曆七月二十的時普渡，算是咱庄內的公普，較早普渡攏會有一個「好兄弟會」出來主持，佇普渡進前庄內就會抾丁錢，用抾的丁錢請人來做大戲，通常攏佇廟埕遮做，彼時陣大家攏會共厝內底的桌仔搬出來囥供品作伙拜拜，因為這馬人越來越少，所以今年好兄弟會就來揣六興宮鬥相共。

徐裕盛：是啥物時陣開始有這個組織的？

林清山：彼足久了，聽老輩的說咱溪北有六興宮的時陣就有了。

徐裕盛：較早庄內普渡的人真濟嗎？

林清山：彼當陣真濟人，規個廟埕攏擺的滿滿，較早六興橋還未起的時陣較無車會經過，所以會當擺到真外口。

徐裕盛：咱這馬普渡攏按怎做？

林清山：咱這馬因為庄內人較少，所以攏是廟方這旁幫咱準備供品，閣請外口辦桌的彼種載桌仔佮搭布帆，就佇廟埕拜按呢，嘛較方便。

徐裕盛：咱六興宮平常時攏是誰佇咧打撲矣？

林清山：這馬內底的工作人員攏是聘請的，像我這馬擔任廟公嘛是予個請的，內底的工作人員攏是八點開始上班，做一寡仔廟內外的拚掃、點香遮的工課。

徐裕盛：咱六興宮的委員會是按怎選的啊？

林清山：委員會就是先選信徒，信徒資格要是咱六興宮的信徒，咱六興宮總共有六個庄頭的信徒，這馬只剩四個庄頭，後厝仔佮六斗仔已經散庄了，信徒登記完就會使選代表，代表是由信徒選的，代表若欲選著就需要揣八個信徒投予你，加你九個，按呢才會當選，意思就是愛揣「柱仔腳」啦。個攏投予你了後就選著阿，攏總會選出六十個代表。像咱庄有三十個代表，所以大概會佔九個委員，外庄一個庄頭佔兩個，攏總十五個。如果欲選委員至少愛閣揣三個代表投予你，按呢才選會著委員。委員產生了後如果猶擱欲選主任委員，你著愛對這十五個委員內底至少擱揣七個委員投予你，按呢才會當選。

徐裕盛：所以像這馬將主委已經做三屆主委了，伊的支持者毋著足濟？

林清山：對阿，伊已經連續做三屆了，若下一屆欲擱出來選，當選的機會嘛是足大。

徐裕盛：主委的主要支持者有佗幾個委員？

林清山：月眉、月潭兩庄個有兩個、安和一個，咱自己庄閣揣三個就好矣，像咱庄這馬有八個委員攏支持伊，伊舊年就提十票，像我家己代表票就投予王忠猛，伊當選了後才擱投予這馬的主委。

徐裕盛：委員為平常時攏底咧創啥？

林清山：委員會就是如果欲辦什麼活動抑是欲修理什麼就予個去處理，錢額方面若佇五萬塊以內主委就會使家己決定，如果若超過彼個錢額就愛開會討論。

附錄七　江石柱田野調查報告

1. 報導人：江石柱（現任鎮武宮主任委員）
2. 訪問時間：2021 年 4 月 14 日、2021 年 7 月 14 日
3. 年齡：76 歲
4. 地點：嘉義縣 / 鎮武宮
5. 訪問人：徐裕盛

徐裕盛：咱鎮武宮佇咧選管理委員會的時陣敢有需要啥物資格嗎

江石柱：首先，你愛是咱庄上帝公的信徒，攏來著是甘焦限定溪北庄的人才會
　　　　當出來選。

徐裕盛：咱昨暝舉行的上帝公祝壽的過程一直以來攏是全款的嗎？

江石柱：攏全款啦，逐冬的祝壽過程攏是照按呢行，著是愛佇前一工請爐主個
　　　　兜的上帝公轉來過爐啦，初二請轉來廟內，一直到初六閣再請轉去爐
　　　　主個兜按呢，像轉來後頭厝全款。

徐裕盛：咱三月初三上帝公生日，敢會有別間廟來祝壽？

江石柱：有阿，逐冬攏有，個若欲來就會佇進前共阮通知，阮就會貼香條，頂
　　　　懸就會寫講佗一間廟欲來，啥物時陣來按呢。

徐裕盛：咱庄內的上帝公敢有出去別間廟進香過？

江石柱：咱上帝公從來毋捌出去過，攏是買一寡仔日誌提出去送予別間宮廟
　　　　按呢爾，較無佮別間宮廟咧交流啦。

徐裕盛：咱這馬廟內底彼尊上早的上帝公是按呢來的？

江石柱：彼是古早的時祖先對大陸請過來的，是咱庄的庄主啦，那尊已經有兩百多年的歷史了，這馬用一個玻璃盒仔庄起來，就攏無予伊出來啊，就帶佇廟內底。

徐裕盛：咱庄內這馬敢猶擱有獅陣？

江石柱：這馬較少了啦，這馬猶擱有的獅陣是庄內彼間水果攤個兜祖傳落來的，古早我細漢的時攏會牽陣，彼時陣一陣落去牽攏大概有三、四十個人，暗時仔的時攏會佇廟埕頭前練。

徐裕盛：彼攏佇咧練啥阿？

江石柱：就練拳頭阿，比刀畫槍的東西，親像宋江陣啦，猶擱有練獅陣，但是這馬攏已經沒法度教矣，因為已經失傳阿，彼寡老輩過身了後少年輩無接起來就失傳了，彼步數足濟矣，佇咧練的時攏愛聽鼓聲，鼓聲按怎拍就綴著按怎行，親像咧跳舞全款，這馬就無法度阿，因為攏失傳阿。

徐裕盛：所以佇古早的時嘛是足興的吧？

江石柱：古早的時無工業阿，逐家攏作穡，所以暗時的時陣逐家攏佇厝無代誌，而且彼當陣庄內嘛較有人，但是像這馬囝仔讀冊畢業逐家攏出去揣頭路阿，所以就漸漸失傳阿，若無古早的時陣真濟人，暗時吃飽無代誌就會相揪，鑼鼓聲拍下去逐家就出來啊。

徐裕盛：有聽講咱庄內較早是有兩團，頭厝一團、尾厝一團，這馬是只剩一團爾嗎？

江石柱：是啦，毋過就攏失傳阿，像個這馬弄獅頭彼步數攏毋著阿，攏清彩弄，無像較早按呢，獅頭按怎弄攏要聽鼓聲。尾厝彼團是屬於清水祖師廟，頭厝這團就是黑面欽個兜，就是頭拄仔共你講欽賣水果個兜，較早個阿公傳落來欽，這馬攏無阿。

徐裕盛：較早練獅陣敢會足嚴格？

江石柱：會哦！較早遐的老輩若聽到鼓拍毋著就開始罵：「你是咧拍啥！」然後就會教你按怎拍，伊毋是共你念念欽就走，伊擱會教你，阮就照個教的按呢來學。

徐裕盛：頂擺安五營我看獅陣敢若有出來。

江石柱：著啦，彼陣就是頭厝的，號做「集群軒」。但是這馬也干焦稍拍一下子鼓，獅頭小可仔弄一下按呢爾，所以講攏失傳阿，較早佇咧拍彼個鼓聲攏足整齊，袂像這馬按呢亂七八糟。

徐裕盛：較早是有幾個鼓仔咧拍？

江石柱：較早著是一個小鼓、一個小鑼、一個大鑼、一對鑔仔，退的樂器較早攏是用扛的，無像這馬用車捒，干若扛退的樂器著要七八個人阿，這馬只剩一對鑔仔、一個小鼓佮一個大鑼按呢爾。

徐裕盛：獅頭攏按呢弄阿？

江石柱：較早阮佇咧練攏有足濟步數，攏愛會曉用獅頭開門，咧舞的時一個人揭獅頭一個人牽獅尾。

徐裕盛：聽講咱嘛有北管？

江石柱：著，彼是六興宮的，號做「六興軒」，較早是王貫佇咧招的，是演子弟戲，像歌仔戲按呢，彼時陣攏是查甫扮查某落去演的，較早猶攔有去台北公演予人看，這馬無阿啦，只賰一寡仔戲服收佇鐘鼓樓內底。較早有演過北管的這馬攏八、九十歲阿，彼時陣咱庄內的北管足出名，北部足佮意來揣咱去表演，王貫足巧歆，攏會怣一陣查囝仔去坐佇頭一排看戲，別人看著就會感覺這戲敢若足好看欸款，著會坐落來做伙看，所以彼當陣真紅。

徐裕盛：北管佇媽祖生抑是上帝公生的時陣會出來表演嗎？

江石柱：只有佇媽祖生的時會出來。

江石柱：較早咱媽祖廟香客足濟的呢，只要假日遊覽車攏一台接一台來，人攏擠到滿滿，這馬就較無阿，毋知是按怎，可能委員會出了啥物問題，處理的毋好，香客一冬比一冬少，真可惜啦，古早如果媽祖生哦，因為交通毋方便，隔壁庄的老人攏嘛坐牛車過來咱媽祖廟參拜，我佇咧做六興宮主委的時猶攔有足濟香客，這馬越來越少了。

徐裕盛：咱鎮武宮的管理委員會是按怎選出來的？

江石柱：咱委員會是政府協助組成的，選舉制度是四冬選一擺，參選的人要是上帝公的信徒，而且是咱溪北庄的人才有資格。

徐裕盛：委員會一擺攏選幾個人出來啊？

江石柱：委員十五個、監事五個，按呢拄仔好是一個組織，二十個人。

徐裕盛：人數攏是固定的嗎？

江石柱：著，一定愛二十個人，分委員佮監事，兩種無仝的組織。

徐裕盛：監事平常時攏佇咧創啥？

江石柱：監事著是比論講委員會開會若有啥物建議欲做啥物代誌的時，著會

倍計畫送去予監事鑑定，看按呢敢會當做。簡單來說，監事著是來監督委員會的人。

徐裕盛：平常時委員會攏佇咧做啥物？

江石柱：委員平常時著有分組織，分作總務組、會計組、營繕組、祭典組、接待組五種，比論講接待組的有外客著由個出來接待，祭典組著是佇神明生的時出來負責處理，營繕組著是廟內底若有需要整修的部分就交予個去處理，總務組佮會計組著是負責支出的部分。

徐裕盛：咱若欲去廟內底點光明燈抑是安太歲的時敢有需要準備啥？

江石柱：光明燈著是咧保平安的啦，一冬點一擺，一擺三百箍，通常攏是過年點，如果欲點的話著愛交予阮恁的姓名、生辰日月。安太歲的話通常是你彼冬有犯太歲才愛安，安完會用一張太歲符貼起來。

徐裕盛：我上擺看到安五營的時童乩提一隻紅筆一直畫，彼是咧創啥？

江石柱：伊佇咧點兵，一擺畫五隻竹仔，代表咱五營的兵將。

徐裕盛：彼咧五營是有啥物作用嗎？

江石柱：五營著是佇咧保護庄頭的平安，攏是由上帝公咧管的。

徐裕盛：所以這五營是歸上帝公管的，媽祖無兵將嗎？

江石柱：著，這五營攏是上帝公的兵將，媽祖無。

徐裕盛：咱敢有分內、外五營？

江石柱：咱干焦有外五營，無內五營，這個五營的範圍著是上帝公的角頭，屬於伊的守護範圍。

徐裕盛：安五營敢有啥物順序？

江石柱：先東營，攔來去西營，續落來去南營、北營，最後轉來中營按呢，結束了後就轉去廟內底。

徐裕盛：咱安五營攏佇啥物時陣舉行？

江石柱：咱攏固定佇正月十四彼工安五營，一冬安一擺，毋管十五彼工敢有欲「云庄」攏愛安，像今年著干焦有安五營無云庄。

徐裕盛：安五營為啥物欲訂佇云庄前一工？

江石柱：因為前一工愛先佮五營兵將安頓好啊，隔轉工巡庄才會順利，安五營是無論如何攏愛舉行的，無論政府的政策攔按怎禁止，咱攏一定要做這件代誌，因為遮是守護咱庄內的兵將，逐冬攏一定愛由上帝公去點兵，確定有充足的兵力會當保護庄頭的安全。

徐裕盛：這馬巡庄的範圍是干焦佇咱庄內嗎？

江石柱：著，這馬攏干焦佇咱庄內。

徐裕盛：如果欲巡庄的時陣庄內會請啥物神明出來？

江石柱：咱會請上帝公、三媽佮清水祖師作伙出來。

徐裕盛：咱巡庄的時敢有固定的路線？

江石柱：有，咱攏有規劃，庄內每一條巷仔攏愛入去，如果轎會當行入去的所
　　　　在咱攏會入去，如果轎若無法度入去就無法度了，通常攏是對頭厝開
　　　　始行，一直行到庄外，才擱對尾厝入來，整個庄頭攏行過一遍了後才
　　　　擱轉去廟內底，就結束阿。

徐裕盛：咱這馬巡庄敢擱有出陣頭？

江石柱：會阿，但是因為這馬庄內陣頭較無阿，所以攏會請外口的陣頭來鬥熱
　　　　鬧，咱家己干焦出金獅陣爾爾。

徐裕盛：我進前聽講六興宮彼邊這馬有組一個新的北管團，毋知影主委敢知？

江石柱：彼是個義工團家己組的，干焦歕鼓吹爾，無演戲，像較早的北管攏猶
　　　　擱有演子弟戲。

徐裕盛：彼個王貫彼當陣是按怎想欲接手六興宮？

江石柱：這個王貫是溪北人，雖然長期攏佇外口作工課，毋過伊真信媽祖，所
　　　　以逐擺轉來攏會去佮媽祖下願，若將來事業有成一定會轉來報答媽
　　　　祖。毋知影對啥物時陣開始，王貫開始學做無患子雪文，伊學成了後
　　　　就開始做這項生意，做了真成功，予伊趁袂少錢。落尾伊轉來溪北蹛
　　　　了後就開始接手重起六興宮，變作上大的金主。

徐裕盛：上帝公的生日攏愛攢啥物來拜阿？

江石柱：這馬攏清彩人拜阿，想欲食啥著拜啥，有的較傳統的猶是會準備三牲
　　　　四果來拜。若是較早每一戶攏會準備三牲四果出來拜。

徐裕盛：三牲四果通常攏是準備啥阿？

江石柱：一隻雞、一塊隻肉佮一條魚仔按呢號做三牲，水果就清彩你想欲時
　　　　啥就買啥按呢就會使了。

徐裕盛：咱佇咧普渡的時攏愛燒啥物款的金紙？

江石柱：全款啦，佮拜神明燒的金紙攏全款，土地公金、金銀白錢，如果有辦
　　　　牲禮就愛有壽金，差不多著是遮幾種，講起來好兄弟也算神明嘛。

徐裕盛：我看咱庄內普渡的時攏有咧做戲，彼是啥物戲阿？

江石柱：彼號做「角頭戲」，著是每一個角頭家己揣人，看欲請啥物戲班來搬
　　　　戲、搬幾工按呢，才閣來出錢，一般攏是請布袋戲較多。

徐裕盛：我看六興宮廟埕頭前敢若有咧搬歌仔戲！

江石柱：彼歌仔戲是好兄弟會請的啦，彼個好兄弟會著是較早遐的老輩組織
　　　　的一個會，足久阿。

徐裕盛：聽講今年個敢若去揣六興宮鬥相共主持普渡，是按怎會按呢？

江石柱：就人越來越少阿，嘛攏老阿無法度，少年仔佇外口吃頭路嘛無時間轉
　　　　來，所以就去揣六興宮鬥相共，個講會費全款會交，毋過物件可能愛
　　　　請六興宮鬥相共準備按呢。

徐裕盛：個咧拜的時敢有請「香爐」出來？

江石柱：有哦，好兄弟會有一個爐，叫「好兄弟爐」，逐冬普渡的時攏會跋桮
　　　　選爐主，譬如講今年選到你，你著愛共這個爐請轉去厝內底，明年普
　　　　渡才擱請出來拜。

徐裕盛：彼個跋桮選爐主佮咱上帝公佇咧選爐主概念敢有全款？

江石柱：全款。

徐裕盛：上帝公佇咧選頭家爐主是啥物人才會當參加？

江石柱：通庄，每一個人攏會當參加，毋過這馬已經無佇咧選頭家了，干焦有
　　　　選爐主爾爾。

徐裕盛：為啥物這馬無佇咧選頭家？

江石柱：因為較早攏是頭家佇咧鬥相共平常時廟內底點香佮一寡仔雜事，毋
　　　　過這馬因為攏委員會佇咧處理，所以就無需要阿。這馬爐主也毋免鬥
　　　　相共啥物，干焦佇咧正月十五云庄彼工負責提令旗，這馬就干焦一個
　　　　爐主、一個副爐主。

徐裕盛：咱鎮武宮內底除了上帝公生日會祝壽以外，其他的神明生日敢會幫
　　　　個祝壽？

江石柱：會阿，像註生娘娘、濟公、虎爺、三太子攏有幫個祝壽，就攢一寡仔
　　　　牲禮拜拜按呢。

徐裕盛：彼工普渡我有看著廟埕頭前囥一個足大的金爐，內底囥足濟金紙，遐
　　　　的金指是普渡完欲作伙燒掉的嗎？

江石柱：著，因為普渡完欲燒的金紙袂當佮欲燒予神明的金紙用仝一個金爐，所以另外準備一個，廟頭前的金爐是專門燒予神明的，佮燒予好兄弟的袂當濫作伙。

附錄八　王國松田野調查報告

1. 報導人：王國松（集群軒現任團長、六興宮主計）
2. 訪問時間：2021 年 7 月 14 日
3. 年齡：67 歲
4. 訪問地點：嘉義縣 / 王宅
5. 訪問人：徐裕盛

徐裕盛：這馬集群軒敢猶擱有咧出陣頭？

王國松：這馬較無了啦，遐的年紀較大的攏往生了，所以就較少出來，較無像
較早按呢啦，這馬如果廟內底有活動就加減會出陣啦，若無就是像人
辦喪事的話嘛會請阮去，這馬出陣攏交予村長負責安排，有人想欲請
阮出陣就會去揣村長，伊才來佮阮通知。

徐裕盛：這馬庄內除了武館獅陣外，敢擱有文館？

王國松：有阿，像這馬六興宮的義工團個敢若就有家己重組「溪北六興軒」北
管團，個攏有請外口的老師佇咧教，一禮拜約一個時間練習，像三媽
生日個攏會出來表演祝壽，咧教的老師敢若是布袋「慶和軒」的人。

徐裕盛：咱的武館是按怎來的？

王國松：較早最代先是阮阿公請的，擱來傳與阮爸擱傳予我。

徐裕盛：請問恁阿公是號做啥物名？

王國松：阮阿公姓林，是予阮阿嬤招的，生兩個攏是查某囝，所以兩個查某囝
嘛攏是用招的，我第二個兄弟就佮阮阿公姓，後來將伊過予阮阿公做

团，算偷改啦，較早攏是用寫的，嘛無啥物財產的問題，所以就變成按呢。

徐裕盛：是按怎獅陣的名會號做「集群軒」？

王國松：咱這個武館的師祖若是宋太祖；虎頭獅的團名最後攏有個「軒」字，如果是清水祖師；箴仔獅（kám-á-sai）的團名結尾就是「堂」。像尾厝彼團就是奉祀清水祖師，所以個就是「堂」，咱的師祖是宋太祖，所以就是「軒」，而且佇咧拍的鼓聲嘛無仝款，像箴仔獅的鼓佇咧拍就較屬於「文鼓」，虎頭獅傳下來的鼓佇咧拍就較屬於「戰鼓」，較早咱庄內就有兩團獅陣，出陣的時陣攏會冤家，如果兩團出陣遇到的時就要「偃鼓」，就是鼓聲要拍較小聲咧，如果有佗一爿較大聲就會冤家，算是一種禮貌啦，較早會冤家就是按呢。

徐裕盛：咱這團集群軒佮嘉義北社尾彼團猶擱有彰化彼團有關係嗎？

王國松：無，咱佮嘉義北社尾那團無關係，雖然個嘛號作「集群軒」但是佮咱溪北集群軒無關係，像彰化那團「集群軒」就是去佮嘉義北社尾學的，所以名號仝款。

徐裕盛：咱獅陣主要有什麼樂器？

王國松：就一個大鼓（tuā-kóo）、一個大鑼（tuā-lô）、一個小鑼（sió-lô）、一對鐃仔（tshîm-á）按呢，較早出陣的時攏會搬大鼓出來，但這馬都干焦用小鼓（sió-kóo）爾爾。

徐裕盛：咱這個獅頭是屬於什麼獅？

王國松：咱這個是屬於金獅陣啦，你看彼獅頭攏是金色的。

徐裕盛：拄才您悉我去看較早出陣時會用的傢俬，遐的傢俬這馬攏沒佇咧用啊，敢有想講欲放去佗位？

王國松：我有聽六興宮的主委講，以後要佇「暗學仔」（六興宮舊址）彼爿起一間媽祖文物館，等起好了後我就欲佮傢俬全部送過去彼爿展覽，予咱的後代子孫知影較早庄內的武館有遮濟物件。

徐裕盛：聽講你做過「好兄弟會」的爐主，這個爐主是按怎產生的？

王國松：彼個爐主喔，較早是好兄弟會的成員大家作伙跋桮來選的，做過一擺爐主了後就袂使擱做第二擺，因為較早有四、五十個人佇咧選，所以用輪流的，這馬只剩五、六個人願意出來選爐主爾爾，像我就是舊年的爐主。

徐裕盛：較早這個「好兄弟會」是按怎成立的？

王國松：彼足久進前就有阿，我還是囝仔的時陣就有了，嘛無知影到底是啥物時陣成立的，較早猶攏有「吃會」，落尾去予人倒會，較早七月二十攏會辦吃會。

徐裕盛：今年是按怎會來揣六興宮鬥相共普渡的代誌？

王國松：因為這馬人就越來越少阿，大家嘛老阿無法度處理啥物代誌，所以就想講來揣媽祖廟鬥相共按呢。

徐裕盛：咱較早七月二十普渡的時攏拜啥物？

王國松：較早普渡的時咱攏愛家己對厝內底搬桌仔椅仔來擺，擱愛家己攢「菜炸」、「炊粿」遮的物件來拜。

附錄九　江筱芃田野調查報告

1. 報導人：江筱芃（現任六興宮主委、新港鄉民代表）
2. 訪問時間：2021 年 7 月 15 日、2021 年 8 月 29 日
3. 年齡：43 歲
4. 訪問地點：視訊訪問／六興宮
5. 訪問人：徐裕盛

徐裕盛：主委您好，我想欲請問一下關於六興宮所奉祀的眾神尊佮咱的主神
　　　　黑面三媽有啥物款的關聯嗎？

江筱芃：首先，我先講上帝公，祂算是咱溪北的庄頭神，比媽祖擱較早來到溪
　　　　北庄，後來佇民國七十九年的時庄內主委將上帝公請出去奉祀，起鎮
　　　　武宮共玄天上帝奉為主神，咱六興宮內底有另外一尊城隍爺，遐是咱
　　　　對嘉義城隍廟請轉來奉祀的，嘉義城隍廟內底嘛有一尊咱六興宮的三
　　　　媽，廟內底會奉祀觀世音菩薩聽講是因為媽祖是觀音的化身，所以媽
　　　　祖廟內底一定會有一尊觀世音菩薩。所以常常會當佇其他主祀媽祖的
　　　　廟宇內底看到觀世音菩薩，另外一邊奉祀的關聖帝君是有文昌君的功
　　　　能，因為咱的關聖帝君是手持春秋的，所以會當庇佑所有溪北庄的學
　　　　生团仔攏會當佇求學過程當中順序，毋過關聖帝君是按怎會奉祀佇廟
　　　　內底我就較毋知影。六十太歲殿是佇第四屆管委會的時才新起的，彼
　　　　當陣管委會想欲幫信徒點光明燈、安太歲，所以才新起六十太歲星君
　　　　殿，奉祀斗姆元君為主神來掌管六十太歲星君，咱逐冬攏會有一個值
　　　　年星君，如果你若去廟內底就會使看到其中有一尊身軀頂揹有紅色的

揹帶，彼尊就是咱今年的值年星君。

徐裕盛：我想欲請教主委對這個通天宮敢有啥物了解？因為我捌聽老一輩的講廟內底的土地公就是當年通天宮的主神，毋過因為落尾通天宮消失所以才將伊請來六興宮作伙奉祀。

江筱芃：通天宮我聽老一輩講的主神是太子爺欸，如果是土地公的話應該是尾厝彼間土地公廟才對。

徐裕盛：咱六興宮平常時的祭祀攏是由誰來負責啊？

江筱芃：較早咱有廟公，廟公攏是二十四小時待佇廟內底，由廟公來負責。毋過佇我第八屆當主委的時就改變這個制度，變做廟公會當正常上下班，毋免擱留佇廟內底，改做用保全系統，這馬的廟公就是透早五點開廟門，八點的時陣會有十個工作人員來上班，負責廟內外拚掃、點香，下晡五點到晚上九點才擱由廟公來負責關廟門按呢，兩班制的，中央這段時間的廟內事務攏會由阮的工作人員來負責，因為我認為廟內底有真濟文物，安裝這個保全系統嘛會當增加保障，廟公也會當毋免一年到頭都待佇廟內底，會當有家己的時間，像鎮武宮這馬嘛是改用保全系統，我認為這馬由較少年的人來帶領管委會就應該愛做一寡仔改革，綴著時代進步。

徐裕盛：如果佇新的一年開始的時敢會有啥物款的祭拜流程？

江筱芃：阮佇農曆新年頭一天進前主事者就會來共媽祖上香，然後向伊稟報續落來歸年的行程，初一就會來舉辦躼轎腳、然後會準備一寡仔素菜、葷菜來吃平安，初二就會請六興軒來演奏北管，然後嘛會提供餐點，初三的時就是縣長會來發平安紅包，初五開工的時媽祖廟嘛會發予廟務人員開工紅包，到農曆三月的時就是媽祖廟的進香期，彼歸個月逐工攏會有進香團來進香，到四月份的時是王爺生，所以就會有王爺來請媽祖去作客，全款會有真濟的進香團來進香，佇農曆七月的時進香團就會較少，彼時陣就會開始準備普渡，咱是農曆七月二十號普渡。

徐裕盛：媽祖生的時咱的流程是按怎行的？

江筱芃：咱佇農曆三月廿三子時就會開始誦經祝壽，隔轉工透早十點就會進行團拜，到下晡咱廟埕會有扮仙戲的演出，嘛會邀請六興軒來演奏按呢。

徐裕盛：咱農曆七月的時除了普渡以外，敢會有其他的活動？

江筱芃：咱除了七月二十的普渡以外，佇七月一號到七月十五號、七月十六
　　　　號到七月三十號會各辦一場出巡，就是揣佮咱上定互動的宮廟去參
　　　　訪，順紲了解一下仔個的營運狀況，有一點仔像是佇咧做市場調查，
　　　　這個參訪主要是欲要看佗幾間宮廟佮咱互動上濟，了解一下啊這個大
　　　　數據，因為一間宮廟會來咱媽祖廟參訪有真濟原因，可能是聽人講這
　　　　間宮廟袂穩，抑是個廟的主神決定欲來遮，抑是聽遊覽車司機介紹各
　　　　種無全的原因，了解了後就會使佇續落來佮遮的宮廟做攏較密切的互
　　　　動，保持咱媽祖廟逐個月攏有固定數量的進香團來參訪。

徐裕盛：咱六興宮目前大概有幾間宮廟會固定來進香？

江筱芃：舊年阮做過調查，捌來咱六興宮進香的宮廟大概有一萬兩千間。

徐裕盛：咱的管理委員會是按怎的一個運作方式？

江筱芃：咱這馬有四個庄頭，對這四個庄頭當中揀出有意願想欲加入信徒的
　　　　人，再攏由遮的信徒內底選出信徒代表，對信徒代表當中選出管委會
　　　　成員，再攏由遮的成員當中選出主任委員。像信徒代表的工課就是愛
　　　　配合廟宇的一寡規範，如果媽祖廟有一寡盛事欲辦的話就需要來參
　　　　與，親像是廟方的工作人員全款，對農曆的一月到三月攏會安排一個
　　　　值班流程表，如果若輪到就需要來鬥相共整理環境、請神明、交通指
　　　　揮……等一寡相關的工課，信徒代表大會嘛需要來參加，了解廟內底
　　　　的一寡仔營運狀況。管理委員會的部分就會分做委員會跟監事會，委
　　　　員會擱分做主計組、總務組、祭典組、營繕組、接待組五個組別，監
　　　　事的部分就是負責查核廟內底的支出，看報的數單佮發票敢有相全，
　　　　佇咧開會的時陣就會由各組組長來報告支出狀況，擱由監事這旁來
　　　　查核。

徐裕盛：管委會攏佇啥物時陣開會？

江筱芃：通常阮委員會一冬會開四擺，三個月一擺，佇咧開會的時陣就會將這
　　　　幾個月的營運狀況提出來報告，擱再檢討按呢，看有啥物所在會當做
　　　　攏較好。

徐裕盛：咱媽祖廟敢有選頭家爐主？

江筱芃：無，咱媽祖廟沒有佇咧選頭家爐主，這種物件嘛是一種入數的方式，
　　　　予選出來的人愛負責抾丁錢，如果家己是頭家爐主的話就愛納較濟，

毋過咱媽祖廟這馬的收入算是真穩定，所以無需要來選遮。

徐裕盛：媽祖廟佇地方上您有感覺敢有發揮啥物款的影響力嗎？

江筱芃：咱六興宮一直以來攏有佇咧贊助學校的營養午餐，雖然疫情遮爾嚴重，咱這幾個月嘛攏無收入，毋過六興宮猶原秉持著媽祖的慈悲心，繼續來贊助學校予囡仔有營養午餐會當吃，因為新港鄉這邊畢竟資源較無遐爾充足，所以我認為透過媽祖廟來奉獻一寡仔心力，回饋予咱的社會是應該的，阮除了這個營養午餐以外嘛做真濟的公益活動，包括進前因為疫情需要所以幫新港鄉每一間國小買額溫槍，另外嘛有做額溫測量卡，我認為做遮的公益背後六興宮所發揮的上大影響力就是「安定的力量」，因為咱佇庄跤有真濟人攏娶外籍配偶，生活條件嘛不比都市，所以佇教育上嘛較無法度像都市囡仔按呢容易提著資源。媽祖廟這邊做的就是因為這馬學生入去到學校攏愛做一個測試，來看個的學習能力到佗位，如果有學啥物才藝就會當加分按呢，這個試驗的錢就由咱媽祖廟這邊來出，家長毋免納錢，另外，予遮的囡仔來廟內底做學習志工，就毋免講一定愛焄囡仔去學才藝抑是啥物的，因為只要來遮做志工阮就會開學習時數，予囡仔會當紮去學校加分。無講真的，咱的資源真正較少，無錢嘛無時間焄囡仔去學才藝，佇學校內底就會較吃虧，予囡仔來遮家長嘛會較安心，阮嘛會鬥相共顧小孩，嘛攏會準備便當予個食，來這邊做志工嘛會當予囡仔學習欲按怎愛護咱的環境。別間廟宇看到咱媽祖廟按呢做感覺敢若袂穩，個就會想欲做伙加入。我認為信仰上大的功能就是按呢，雖然咱這馬已經有物質上的滿足，毋過佇心靈上嘛需要有寄託。

徐裕盛：這馬疫情嚴重的情形對咱六興宮敢有啥物款的影響？

江筱芃：這馬疫情期間阮是全面封廟，暫時袂當予信眾入來參拜，進香團嘛無法度來，當然嘛是減真濟收入，毋過這馬只會當先遵守防疫政策，逐禮拜攏會消毒，予信徒知影雖然阮無開廟毋過嘛是攏有做足防疫工課，希望大家佇開放以後來六興宮會當安心參拜。

徐裕盛：咱逐冬農曆正月十五的巡庄攏是按怎進行的？

江筱芃：咱溪北庄這馬主要有三間大廟，分別是鎮武宮、六興宮佮清水殿，云庄的時陣攏是由村長手提黑令旗，做總指揮，看村長按怎鎮武宮就按怎行，阮就綴著行，巡庄的範圍就是溪北庄整個庄頭的每一條巷仔攏

會入去走過，規個庄頭踅一輦了後才攔轉來。時間是正月十五下晡一點才出門，歸個流程大概會佇下晡六點的時結束，入殿的順序是清水殿、鎮武宮、六興宮，因為清水殿佇庄外，所以會先到，清水祖師就會入去，續落來到鎮武宮，上帝公嘛會入去，上尾到六興宮媽祖才入殿。

徐裕盛：六興宮的北管六興軒是當時創立的？

江筱芃：六興軒是佇咧王貫管理六興宮時期創立的，伊彼當陣為著想欲幫六興宮增加特色，也希望會當透過北管來吸引攔較濟的進香團，六興軒的表演內容嘛有包含子弟戲，彼當時六興軒嘛會予邀請去其他宮廟來做表演，譬如講高雄霞海城隍廟咱較早嘛捌予邀請去遐那表演，嘛因為按呢的關係，所以逐冬個攏會來恭請咱媽祖去作客，就是用表演來做交流按呢。

徐裕盛：咱六興軒敢有特別請佗位的師傅來教？

江筱芃：較早王貫的時陣我較無清楚，毋過對我捌代誌開始就知影庄內有一寡仔長輩，像洪明恭、陳炎個攏有參與過六興軒的演出，這馬的話咱有請布袋慶和軒的黃團長來教北管吹奏。

徐裕盛：咱六興軒捌消失過一段時間，是啥物時陣攔再復興的？

江筱芃：佇我當選第八屆主委的時陣，我就開始整理六興軒，這馬的六興軒主要是由六興宮的義工團來演出，像過年抑是年初安爐的時陣一寡仔較盛大的活動的時就會邀請個來表演。

徐裕盛：咱這馬六興宮主要是對啥物款的面向來做發展？

江筱芃：這馬的話我認為應該朝向國際化，毋但干焦佇咱台灣爾，像咱有一尊媽祖婆這馬予請去馬來西亞的宮廟奉祀，等了後疫情結束阮嘛會規劃去馬來西亞進香，另外嘛會翕一寡仔影片傳去網路上懸，予攔較濟國家的人熟似咱溪北六興宮，因為咱台灣的媽祖廟實在是太濟阿，所以我認為必須愛做出改變，才會當予咱六興宮的香火一直攏遮爾興旺。

徐裕盛：台視進前有來咱六興宮翕連續劇，是以黑面三媽為主題的連續劇，號做「三媽再生」。為啥物個彼當陣會想欲翕這個題材？播出了後對咱六興宮敢有造成啥物款的影響？

江筱芃：彼當陣佇咧翕的時陣我猶攔細漢，對這件代誌無啥物印象，毋過我知影彼當陣來翕的時陣造成庄內足大的轟動，聽講佇咧演的時陣廟的厝

頂攏是人就為著欲看演員，播出了後聽講造成全台灣足大的轟動，毋
過詳細情形可能愛去問彼當陣六興宮的主委楊進文，台視來翕的時陣
伊咧做主委。

徐裕盛：主委你有予我一張疏文，頂懸寫湄州會香，為啥物欲去湄洲？

江筱芃：因為咱的黑面三媽是對湄州請過來的，所以逐算是咱的祖廟，所以
　　　　需要過去會香，有一點仔成是轉去後頭厝的感覺，嘛代表咱是正統媽
　　　　祖廟。

徐裕盛：咱廟內底平常時敢會損鐘？

江筱芃：咱逐個月的初一十五攏會損鐘，如果有進香團來進香咱嘛會損鐘，佇
　　　　初一十五的時陣是透早損一擺，下晡擱損一擺，一擺攏是損一點鐘，
　　　　如果是進香團來的話就是損到個將神尊安好為止，這馬咱攏是用電子
　　　　自動損鐘，較早是人工的，彼時陣佇咧損鐘擱會念一套像咒語那款的
　　　　物件，無過彼部分就較無方便講。

徐裕盛：咱六興宮除了媽祖生會祭拜以外，廟內底的其他神尊生日的時嘛會
　　　　有祭拜活動嗎？

江筱芃：會，咱除了媽祖婆生日會舉辦祭拜活動、正月十五會「云庄」以外，
　　　　其他佇廟內底的神明如果生日咱嘛會祭拜，佇個生日彼工阮攏會請一
　　　　班布袋戲來熱鬧一咧，下晡演布袋戲，暗時放電影按呢，佇布袋戲班
　　　　頂懸嘛會寫一個「千秋牌」，就寫講佗一位神明的聖誕千秋，溪北六
　　　　興宮全體委員會敬獻。

徐裕盛：聽講咱庄內逐冬普渡攏會有一個「好兄弟會」出來主持，彼個會是咧
　　　　創啥物的？

江筱芃：彼個「好兄弟會」聽老一輩的講就是彼當陣庄內大家互相召集，想講
　　　　成立一個會，普渡的時陣就由個出來主持按呢，個是一個獨立的組
　　　　織，無屬於六興宮抑是鎮武宮。

徐裕盛：我有聽講今年「好兄弟會」來揣六興宮鬥相共主持普渡，為啥物？

江筱芃：彼就是因為咱「好兄弟會」的成員一冬比一冬少，有的人可能老仔無
　　　　法度出來，抑是已經往生，個的後輩可能嘛佇外口做工課無法度轉
　　　　來，因為咱普渡都固定佇咧農曆的七月二十號，彼天嘛無一定大家攏
　　　　有閒，所以今年「好兄弟會」的爐主王國松，就來揣我參祥，想欲請
　　　　六興宮來鬥相共主持普渡活動按呢，因為「好兄弟會」本來攏是佇咧

鎮武宮的廟埕頭前擺桌子拜，所以一開始是想說去問鎮武宮看敢會當鬥相共按呢，毋過鎮武宮的主委敢若無這個意願，所以尾仔「好兄弟會」內底的一寡仔老輩就參祥講，若無去揣六興宮鬥相共按呢，毋過抑是愛先跋桮問上帝公的意思，看上帝公敢有同意，落尾就跋著三個聖桮，所以好兄弟會老輩的成員才會來揣我鬥相共，咱六興宮佇咧普渡的時陣攏會請誦經團佮法師來誦經，足莊嚴嘛符合道教的禮數，好兄弟會個嘛感覺袂穩，而且來六興宮這邊就毋免攢自己攢供品，六興宮這邊攏會鬥處理按呢，廟方嘛會幫你插一支旗仔，頂懸就寫恁兜厝內底人的名，另外法師誦經的時嘛會將你的名寫佇疏文內底，到時陣攏會念出來，是足神聖莊嚴的儀式，而且透過這個普渡攏會當做迴向，若是你毋需要將供品紮轉去厝內底，媽祖廟這邊就會鬥相共共供品蒐集起來提去幫助有需要的人，嘛是真有意義。

徐裕盛：咱「好兄弟會」咧普渡的時陣會請「香爐」出來嗎？

江筱芃：會，較早這個香爐是綴著爐主走，這馬好兄弟會來佮六興宮作伙普渡，所以這個香爐就會交予六興宮保管，逐冬普渡的時陣才攏由六興宮請出來按呢。

徐裕盛：我頂擺聽王國松講個集群軒的一寡陣頭的武器、獅頭、旗子遮的物件，以後攏欲送去媽祖文物館展覽，主委那會有想欲起一間媽祖文物館的想法？

江筱芃：因為我想欲予咱庄內的一寡古物展示出來予大家欣賞，這馬就是規劃欲起佇王得祿公館倒手邊較早溪北幼稚園彼邊，以後會將包括較早北管的物件猶擱有一寡仔廟內底的古物佮集群軒彼邊的物件攏會做伙展示出來，希望會當予外來的香客抑是咱在地人去參觀。

附錄十　林文樹、王聰義田野調查報告

1. 報導人：林文樹（現任鎮武宮常務監事）、王聰義（王貫的姪子）
2. 訪問時間：2021 年 12 月 4 日
3. 年齡：71 歲、70 歲
4. 訪問地點：嘉義縣 / 鎮武宮
5. 訪問人：徐裕盛

徐裕盛：聽講咱鎮武宮有創一個臉書的粉絲專頁，為啥物會想欲創立遮呢？

林文樹：遮是我和主委提出的啦，拄開始是想講是不是會當將咱鎮武宮佮上
　　　　帝公的相片囥佇網路頂懸，予攏較濟人知影咱鎮武宮，然後就會來參
　　　　拜，拄開始主委因為無知影這是啥物所以無答應，但是落尾我就慢慢
　　　　說服他講咱揣人來做看覓，嘛袂開偌濟錢所以伊就答應阿。

徐裕盛：咱開始做遮了後敢有啥物效果？

林文樹：雖然這馬才拄開始做，猶無真濟人看到，毋過最近假日時阿確實有
　　　　加較濟宮廟佮信徒來參拜，算是有一點啊效果啦，嘛是真好。

徐裕盛：彼當時恁兄弟姊妹是按怎會想欲接手六興宮的經營權？

王聰義：王貫是阮阿伯，彼當時六興宮佇他的手頭經營的時陣香火真興旺，
　　　　個規個家族嘛攏佇彼間廟內底做工課，毋過尾仔予伊的後生王道敗
　　　　去，伊規工跋筊、迌迌，當時王道的小弟王明正咧顧廟，王道定定來
　　　　揣伊提錢，到尾仔王道嘛無意接手六興宮的經營權，所以我才提錢出
　　　　來佮經營權買落來還廟予庄民。

江石柱：較早王貫佇咧管理的時陣咱六興宮的香火袂輸予新港喔！彼當陣南北二路的信徒攏會來咱六興宮參拜，彼當陣五分車有一站佇溪南庄遐，信眾佇溪南落車了後，擱愛坐竹排仔過牛稠溪來咱溪北六興宮參拜，足辛苦的啦，毋過大家嘛是足願意來。

徐裕盛：溪北六興軒北管的子弟戲彼當陣應該足興的，哪會遮爾緊就無去啊？

江石柱：彼就是予王貫的後生王道舞倒的，就拄才佮你講的按呢，擱來，廟內底無建設，香客來擱佮人講只要提錢來就好，毋免寄附，尾仔廟就漸漸沒有香客阿。

徐裕盛：落尾廟是按怎擱復興的？

江石柱：落尾王聰義就聽講廟需要錢，就出錢共廟的經營權買落來，才擱共廟還予溪北庄民來管理。

徐裕盛：聽蓋濟人攏講咱三媽很靈的，是有啥物事靈驗的蹟嗎？

王聰義：如果你來請教祂，足清楚的佮祂講你是誰、今仔日想欲求啥物，才擱跋桮，如果有跋著三個聖桮就會當去抽籤，喔！彼個籤足準的，真濟人求著籤以後提到指示，後來代誌攏會真順利。

徐裕盛：我想欲請問林文樹，彼當陣上帝公蹛佇六興宮的時陣，咱規個庄頭的信仰中心是不是都較倚三媽，顛倒較無咧要緊上帝公的代誌？

林文樹：對阿！彼當陣上帝公是寄殿佇六興宮內底，六興宮本來就是六個庄頭作伙參與的，所以大家就會較注重媽祖，其實到這馬嘛是猶擱有這種情形，目前就以咱庄內的情形來看，抑是有一寡仔人干焦會去六興宮參拜，袂來咱鎮武宮，毋過起鎮武宮了後情形是有較好啦，就沓沓仔共信徒摸轉來。

徐裕盛：所以咱起這間鎮武宮了後，敢有沓沓仔予信徒轉來？

林文樹：有阿，這馬上帝公廟就已經起好啊，就是奉祀咱的庄神上帝公，有一寡仔人就會認為遮才是咱的主神，就會過來參拜按呢。

徐裕盛：咱鎮武宮這馬欲按怎吸引擱較濟信徒過來？

林文樹：這個是重點，毋過欲吸引信徒嘛不是真簡單的一件代誌，咱這馬首先就是透過網路宣傳的方式。

徐裕盛：咱六興宮頭前這馬彼個大金爐頂懸有三個孔，分別寫六興宮、鎮武宮佮通天宮三間廟的名，為啥物會按呢寫？通天宮擱佇咧佗位？

林文樹：遮就是因為佇六興宮內底正殿奉祀媽祖，大邊奉祀玄天上帝，小邊奉祀土地公，鎮武宮的主神就是玄天上帝、六興宮的主神是媽祖，通天宮這馬猶擱是一個謎，毋過以我個人的見解來看，通天宮彼當陣的主神應該就是土地公。

徐裕盛：我有聽講咱廟內底有一尊上帝公伊的喙鬚敢若有變長，毋知影敢會當看覓？

林文樹：會使啊，哦！彼真正足很神奇，彼尊上帝公是咱「鎮殿」的玄天上帝，毋過因為進前有一陣仔沒予請出來，是前一陣仔有一擺予請出去做客才發現講伊的喙鬚毋知影啥物時陣已經長到跤邊，聽講這個著是因為神明真正有蹛佇神像內底，所以喙鬚才會變長。